Preparación y evaluación de proyectos

Primera edición

Eduardo Villarroel C.

PREPARACIÓN Y EVALUACIÓN DE PROYECTOS

Primera edición

DERECHOS RESERVADOS, © 2013
Por Luis Eduardo Villarroel Camacho
Calle Isaac Maldonado No. 50
Cochabamba, Bolivia
Email: levillarroel@hotmail.com

ISBN: 978 – 84 – 606 – 7550 – 1

Acerca del autor

Eduardo Villarroel C.

Eduardo Villarroel C. es economista y master en administración y dirección de empresas con mención en finanzas.

En su actividad profesional ha sido Gerente de créditos del Banco Santa Cruz S.A. y Gerente nacional de créditos de la Fundación Agrocapital.

En su actividad académica ha sido docente de pre y post grado en la Universidad Privada Boliviana, Universidad Simón I. Patiño y Universidad Mayor de San Simón en las materias de Análisis de estados financieros, Finanzas corporativas, Preparación y evaluación de proyectos, Contabilidad administrativa, Administración de créditos, Gerencia de créditos, Matemáticas financieras, Economía financiera, Administración de la estructura y costo de capital, Gestión financiera, Finanzas internacionales, Control de gestión, Planificación y estrategia financiera, Análisis de decisiones de inversión, Evaluación de proyectos de inversión.

Asimismo, ha sido consultor financiero de varias empresas.

Prefacio

La preparación y evaluación de proyectos es una herramienta básica para evaluar alternativas de inversión y determinar la conveniencia de llevarlas a cabo.

Este libro presenta una cobertura completa y actualizada de temas y tecnicas que se pueden emplear para la preparación y evaluación de proyectos, reflejando los nuevos e importantes desarrollos que se han dado en el campo de las finanzas y en el estudio de mercados.

La obra presenta una metodología para preparar y evaluar proyectos de inversión aplicable a distintas actividades económicas y proporciona al lector los conocimientos, técnicas, criterios y habilidades necesarias para el análisis integral de propuestas de inversión.

El libro es eminentemente práctico y esta diseñado para el autoaprendizaje de la materia. En su redacción se ha pretendido exponer los conceptos teoricos de la forma mas clara y concreta posible, haciendo énfasis en su aplicación practica.

Para facilitar la comprensión de la materia cada capítulo contiene una amplia colección de ejemplos y estudio de casos que ilustran distintos tipos de situaciones, asi como de preguntas y problemas para su autoevaluación.

Los ejemplos y casos que se exponen en esta obra corresponden a situaciones reales, aunque algunas han sido modificadas para mantener la confidencialidad.

El texto recoge la experiencia profesional y experiencia docente del autor de veinticinco años.

El libro esta dirigido a cursos de preparación y evaluación de proyectos a nivel licenciatura y maestrias, asi como a gerentes, directores y profesionales de ciencias empresariales.

Eduardo Villarroel C.

Contenido

1 Introducción al estudio de proyectos

En este capítulo veremos en que consiste la preparación y evaluación de proyectos, expondremos que tipos de proyectos existen, cuales son las etapas de un proyecto, los niveles de estudio de un proyecto y presentaremos el contenido básico de un estudio de factibilidad.

1.1. Definición de proyecto de inversión

Un proyecto de inversión es una actividad que requiere comprometer recursos con la finalidad de producir un producto o prestar un servicio, tendiente a satisfacer una necesidad humana.

Un proyecto se origina en una necesidad, de donde surge una idea para satisfacerla, la idea se desarrolla, se realizan estudios sobre su viabilidad, se asignan los recursos, se construye la unidad productiva y se opera.

1.2. Preparación y evaluación de proyectos

La preparación y evaluación de proyectos es una técnica que recopila, crea y analiza en forma sistemática un conjunto de datos e información que permite juzgar cualitativa y cuantitativamente las ventajas y desventajas de llevar a cabo un proyecto, verificando si existe un mercado potencial insatisfecho, demostrando que técnicamente es posible producir el bien o prestar el servicio y determinando la rentabilidad de la inversión del proyecto.

1.3. Evaluación social de proyectos

La evaluación social de proyectos evalúa el impacto que pueda tener un proyecto en el desarrollo de un país o en el bienestar de la población.

Proyectos de agua potable, alcantarillado, sistemas de riego, infraestructura vial, educación, salud, de apoyo a la pequeña y mediana empresa, de reducción de la pobreza, son ejemplos de proyectos sociales.

La evaluación social de proyectos difiere de la evaluación privada en la valoración de costos e ingresos. La evaluación privada trabaja con precios de mercado, la evaluación social lo hace con precios sociales o precios sombra.

Los precios sociales se obtienen ajustando los precios de mercado con determinados factores de corrección, que reflejan las distorsiones del mercado.

La evaluación social de proyectos compara los beneficios y costos que una inversión pueda tener para la comunidad de un país, estableciendo los costos y beneficios sociales directos, indirectos, intangibles y externalidades.

Los costos directos corresponden a la compra de insumos, ajustando por un factor que considere la distorsión del mercado. Los beneficios directos se miden por el incremento que el proyecto provocará en el ingreso nacional por la venta del producto o servicio, considerando precios sociales.

Los costos y beneficios sociales indirectos son aquellos cambios que provocará el proyecto en la producción y el consumo de productos y servicios relacionado con éste.

Los beneficios y costos intangibles se refieren a los efectos cualitativos que el proyecto pueda tener en el bienestar de la población.

Las externalidades son los efectos positivos o negativos que pueda tener un proyecto, como la disminución de la contaminación ambiental o la redistribución del ingreso.

1.4.   Tipos de proyectos

Según la finalidad o el objeto de la inversión es posible distinguir los siguientes tipos de proyectos:

- Creación o implementación de un proyecto.

- Ampliación de la capacidad de producción.

- Elaboración de nuevos productos o servicios.

- Modernización de una empresa o cambio de tecnología.

- Proyectos de externalización de procesos que actualmente se realizan en el interior de la empresa.

- Proyectos de internalización de servicios o productos suministrados por empresas externas.

- Reemplazo o renovación de maquinaria y equipo.

1.5.   Etapas de un proyecto

El proceso de un proyecto tiene tres etapas, la etapa de preinversión, la etapa de inversión y la etapa de operación.

Etapa de preinversión

En la etapa de preinversión se realizan los estudios de viabilidad del proyecto.

Etapa de inversión

Esta etapa esta referida a la implementación del proyecto, en base al estudio de la etapa de preinversión. En esta fase se lleva a cabo las inversiones fijas, inversiones intangibles y capital de trabajo.

Etapa de operación

La etapa de operación es cuando el proyecto empieza a producir el bien o servicio, es decir es la fase de funcionamiento.

1.6.   Niveles de estudio de un proyecto

En la etapa de preinversión, que es donde se efectúa los estudios de viabilidad, existen tres niveles de estudio, el perfil de proyecto, el estudio de prefactibilidad y el estudio de factibilidad.

Perfil de proyecto

Se elabora a partir de información existente, del juicio común y de la experiencia. Comprende una visión preliminar del mercado, su tamaño, localización, aspectos técnicos y estimaciones globales de las inversiones, costos e ingresos.

Estudio de prefactibilidad

Este estudio profundiza la investigación y se basa principalmente en información de fuentes secundarias para determinar con cierta aproximación las variables principales referidas al mercado, tamaño, localización, a las alternativas técnicas de producción, determina los costos totales y la rentabilidad del proyecto.

Estudio de factibilidad

Es el estudio definitivo donde se analiza en profundidad todos los aspectos del proyecto. Se elabora sobre la base de antecedentes precisos obtenidos de fuentes primarias de información, que incluye planos arquitectónicos, presupuestos de obra, cotizaciones, facturas proformas y contratos de venta.

1.7.   Contenido de un estudio de factibilidad

A continuación se presenta el contenido básico de un estudio de factibilidad, aspectos que se analizarán en detalle en los siguientes capítulos.

1. **Antecedentes del proyecto**
   Se debe presentar una breve reseña histórica de la empresa o de aquellas situaciones que dieron lugar al proyecto. Se debe hacer referencia a los inversionistas o personas para quien se esta elaborando el estudio.

2. **Objetivos del proyecto**
   Se debe especificar los objetivos que se desea alcanzar con el proyecto en un determinado período de tiempo, diferenciando entre objetivos generales y específicos.

3. **Estudio del mercado**
   3.1. Descripción del producto o servicio
   3.2. Identificación de la población objetivo
      Sector al cual va dirigido el proyecto
      Distribución geográfica del mercado
   3.3. Estudio de la demanda
      Recopilación de información secundaria
      Recopilación de información primaria
      Procesamiento y análisis de la información
      Cuantificación de la demanda actual
      Proyección de la demanda
      Características y comportamiento del consumidor
   3.4. Estudio de la oferta
      Producción nacional e importaciones
      Empresas competidoras
      Cuantificación de la oferta existente
      Proyección de la oferta
      Productos sustitutos
   3.5. Determinación de la demanda insatisfecha
   3.6. Estudio de precios
      Elasticidad precio de la demanda
      Políticas de precios
      Proyección de precios
   3.7. Estudio de la comercialización
      Análisis del sistema de comercialización
      Márgenes de comercialización
      Modalidad de ventas y planes de pagos
      Programas de publicidad y promoción
   3.8. Análisis estructural del sector
      Rivalidad entre las empresas existentes
      Ingreso potencial de nuevos competidores
      Amenaza de productos sustitutos
      Poder de negociación de los compradores
      Poder de negociación de los proveedores
   3.9. Análisis de las fortalezas, debilidades, oportunidades y amenazas del proyecto
   3.10. Ventaja competitiva del proyecto

4. **Tamaño y localización**
   4.1. Tamaño del proyecto
   4.2. Localización del proyecto
      Macrolización
      Microlocalización

5. **Ingeniería del proyecto**
   5.1. Análisis de alternativas tecnológicas
   5.2. Descripción del proceso de producción
   5.3. Distribución de planta (Lay out)
   5.4. Requerimiento de maquinaria y equipo
      Descripción de la maquinaria y equipo
      Proveedores
      Precios y condiciones de pago

Costos de internación y desaduanización
Costos de instalación y montaje
Costos de operación y mantenimiento
5.5. Requerimiento de edificaciones y construcciones
Determinación de áreas de construcciones
Diseño de las construcciones
5.6. Requerimientos de vehículos y mobiliario
5.7. Requerimientos de materia prima e insumos
5.8. Requerimiento de mano de obra
5.9. Programa de producción
Porcentajes de utilización de la capacidad instalada
Turnos de trabajo

6. **Estudio organizacional y legal**
   6.1. Organigrama
   6.2. Requerimiento de personal del área de producción
   6.3. Requerimiento de personal del área administrativa financiera
   6.4. Requerimiento de personal del área de ventas
   6.5. Requerimiento de personal de servicio al cliente
   6.6. Seguridad industrial
   6.7. Perfiles de cargos y funciones del personal
   6.8. Subcontrataciones
   6.9. Necesidades de capacitación
   6.10. Organización jurídica
   6.11. Requisitos legales
   Licencias de funcionamiento, aprobaciones, permisos, patentes, inscripciones en cámaras sectoriales

7. **Inversiones y financiamiento**
   7.1. Inversiones fijas
   7.2. Inversiones intangibles
   7.3. Capital de trabajo
   7.4. Plan de inversiones
   7.5. Cronograma de inversiones
   7.6. Estructura del financiamiento
   7.7. Fuentes de financiamiento

8. **Presupuesto de ingresos y gastos**
   8.1. Presupuesto de ingresos
   8.2. Costos de producción
   8.3. Gastos de administración
   8.4. Gastos de comercialización
   8.5. Depreciación
   8.6. Costo financiero
   8.7. Impuestos
   8.8. Costo variables y costos fijos
   8.9. Punto de equilibrio contable

9. **Análisis económico financiero**
   9.1. Estado de resultados proyectado
   9.2. Flujo de caja del proyecto

Preguntas y problemas

1. Que se entiende por proyecto?

2. Explique de que trata la preparación y evaluación de proyectos.

3. Explique en que consiste la evaluación social de proyectos.

4. Indique que tipos de proyectos existen.

5. Explique cuales son la etapas de un proyecto.

6. Explique que diferencias existen entre un perfil de proyecto, un estudio de prefactibilidad y un estudio de factibilidad.

2 Estudio del mercado

En este capítulo veremos que aspectos se deben considerar en el estudio del mercado de un proyecto. Expondremos cuales son los objetivos del estudio del mercado, como se realiza el estudio de la demanda, de la oferta, de los precios y la comercialización, expondremos los métodos para hacer un estudio por muestreo, las técnicas para hacer proyecciones y al final veremos los aspectos que se deben considerar para efectuar un análisis estructural del mercado.

2.1. Objetivos del estudio del mercado

Mercado es el lugar donde concurren oferentes y demandantes para la transacción de productos o servicios a determinados precios.

El estudio de mercado consiste analizar los factores que intervienen en el mercado y que ejercen influencia sobre el producto del proyecto.

Los objetivos del estudio del mercado son los siguientes:

- Identificar el sector de la población donde estará dirigido el producto o servicio.

- Estudiar y cuantificar la demanda del producto o servicio en el mercado.

- Estudiar y cuantificar la oferta del producto o servicio en el mercado.

- Establecer la existencia de una demanda insatisfecha, determinando la cantidad de productos o servicios que los consumidores potenciales estarían dispuestos a adquirir.

- Estudiar el comportamiento de los precios del producto o servicio que ofertará el proyecto.

- Estudiar los canales de comercialización del producto o servicio.

El estudio del mercado se centra en el análisis de cuatro áreas fundamentales, el análisis de la demanda, el análisis de la oferta, el análisis de los precios y el análisis de la comercialización.

2.2. Descripción del producto o servicio

El estudio del mercado debe iniciarse con la descripción del producto o servicio que ofertará el proyecto, indicando cual es la necesidad del producto en el mercado, los usos del producto, si existen productos sustitutos y complementarios, si existe el producto en el mercado o si es un producto nuevo, si el producto es para el consumo interno o para exportación.

2.3. Estudio de la demanda

Se entiende por demanda a la cantidad de un producto o servicio que los consumidores están dispuestos a comprar a determinados precios.

El estudio de la demanda tiene por objeto demostrar la existencia de personas dentro de una determinada región geográfica, que consumen o tienen la necesidad de un producto o servicio.

La demanda de un producto o servicio depende de cuatro factores:

a) El precio del producto

b) Los precios de los productos sustitutos o complementarios

c) El ingreso de los consumidores

d) Los gustos y preferencias del consumidor

Los bienes sustitutos son aquellos que satisfacen una necesidad similar, por ejemplo la carne de pollo y la carne de res, el té y el café. Los bienes complementarios son aquellos que se consumen en forma conjunta, como son los automóviles y la gasolina.

La cantidad demandada de un bien aumenta al disminuir el precio del producto, al aumentar el precio de los productos sustitutos, al disminuir el precio de los productos complementarios, al aumentar el ingreso del consumidor y al aumentar los gustos y preferencias del consumidor.

La cantidad demandada es una función inversa de su precio, cuando el precio baja aumenta la cantidad demandada. Gráficamente se la representa por una curva descendente de izquierda a derecha, como se ilustra en la figura 2.1.

Figura 2.1. **Gráfica de la curva de la demanda**

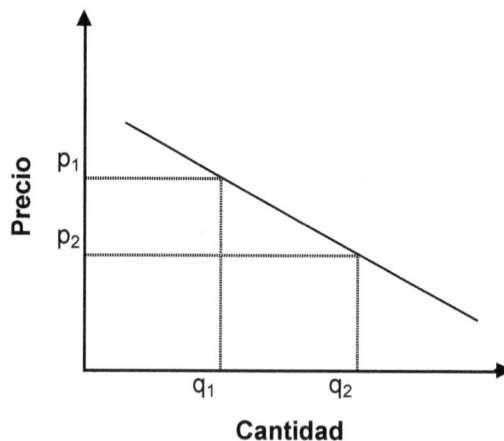

El cambio dentro una curva de demanda ocasionada por una variación en el precio se conoce como cambio en la cantidad demandada.

El desplazamiento de toda la curva de demanda, motivada por cambios en otros factores distintos al precio, se denomina cambio en la demanda.

Recopilación de información

Establecidos los objetivos del proyecto, es necesario identificar y delimitar geográficamente la población objetivo y recopilar información para estimar la demanda del producto o servicio.

Para recopilar información del mercado se puede recurrir a fuentes secundarias o fuentes primarias de información.

Se denominan fuentes secundarias a aquellas que publican información estadística sobre el tema, como son las estadísticas de entidades públicas, estadísticas de cámaras sectoriales, revistas especializadas y otras.

Las fuentes primarias de información se refieren a la recopilación directa de información del mercado mediante procedimientos de muestreo.

Métodos y técnicas de muestreo

El muestreo es una técnica para seleccionar una muestra de un conjunto de datos llamado población o universo.

La principal ventaja del muestreo es el ahorro de tiempo y recursos.

Los principales métodos de muestreo son el muestreo aleatorio simple, muestreo por proporciones, muestreo estratificado y muestreo por conglomerados. En este apartado expondremos los dos primeros, que son los más utilizados.

Muestreo aleatorio simple. Este método consiste en elegir una muestra de una población en forma aleatoria, donde cada elemento tiene la misma probabilidad de ser elegido.

Antes de seleccionar una muestra es necesario determinar el tamaño de esta. El tamaño de la muestra depende de la variabilidad de la población, del error máximo permitido y del grado de precisión de la estimación.

La variabilidad de la población se estima mediante la varianza muestral, que se obtiene a través de una muestra piloto.

El error máximo permitido es la mayor diferencia permitida entre la media de la muestra y la media de la población.

El grado de precisión de la estimación se establece a través de la distribución normal.

La distribución normal es una distribución de frecuencia simétrica y en forma de campana en el caso de un gran número de eventos de naturaleza aleatoria. El valor de la distribución normal, que se la simboliza por Z, se obtiene de tablas numéricas según determinados niveles de confianza. Por ejemplo para un nivel de confianza de 68% el valor de Z es aproximadamente igual a 1, para 95% de nivel de confianza el valor de Z es 1,96 y para un 99% nivel de confianza el valor de Z es igual a 2,58.

La fórmula para determinar el tamaño adecuado de la muestra es la siguiente:

$$n = \frac{Z^2 \times S^2 \times N}{N \times E_m^2 + Z^2 \times S^2}$$

Donde:

$$S^2 = \frac{\sum (x_i - \bar{x})^2}{n - 1}$$

$$\bar{x} = \frac{\sum x_i}{n}$$

N   Tamaño de la población
n   Tamaño de la muestra
S^2 Varianza muestral
Z   Valor de la distribución normal para determinado nivel de confianza
E_m Error maximo permitido
$\bar{x}$ Media muestral

Para poblaciones grandes, donde el tamaño de la muestra es pequeño en relación al tamaño de la población, la fórmula es la siguiente:

$$n = \frac{Z^2 \times S^2}{E_m^{\,2}}$$

El tamaño de la muestra es mayor si la variabilidad de la población es mayor, si el error máximo permitido es menor y si el grado de confianza aumenta.

Utilizando la distribución normal se pueden construir intervalos de confianza para estimar el valor de una variable, sumando y restando al valor promedio el valor de la distribución normal multiplicado por la desviación estándar. En símbolos se lo expresa de la siguiente manera:

$$\bar{x} \pm Z \sigma$$

$$P(\bar{x} - Z\sigma < \mu < \bar{x} + Z\sigma) = C\%$$

Donde:

$$\bar{x} = \frac{\sum x_i}{n}$$

$$\sigma = \frac{S}{\sqrt{n}} \sqrt{\frac{N-n}{N}}$$

$$S = \sqrt{\frac{\sum (x_i - \bar{x})^2}{n-1}}$$

μ   Media poblacional
$\bar{x}$ Media muestral
σ   Desviación estandar
S   Raiz cuadrada de la varianza muestral
Z   Valor de la distribución normal para determinado nivel de confianza
C   Nivel de confianza
N   Tamaño de la población
n   Tamaño de la muestra

Por ejemplo, la probabilidad de que nos situemos dentro de una desviación estándar del promedio es 68%, la probabilidad de que nos situemos dentro de 1,96 veces la desviación estándar del promedio es 95% y la probabilidad de situarse a 2,58 veces la desviación estándar del promedio es 99%.

Ejemplo 2.1. Cálculo del tamaño de la muestra

Una empresa evalúa un proyecto para colocar un nuevo producto en el mercado y requiere averiguar el consumo promedio. Para este fin elige una muestra piloto determinando una varianza muestral de 9. El error máximo permitido es 0,3 litros. Determinar el tamaño de la muestra para un nivel de confianza de 95%.

$S^2 = 9$

$E_m = 0,3$

$Z = 1,96$

$$n = \frac{Z^2 \times S^2}{E_m^2}$$

$$n = \frac{1,96^2 \times 9}{0,3^2} = 384$$

Ejemplo 2.2. Estimación de la media poblacional

Se pretende determinar el peso promedio de 600 alumnos de un establecimiento educativo. Para este fin se elige una muestra aleatoria de 64 alumnos, obteniéndose la siguiente información:

$\sum x_i = 3.712$

$\sum (x_i - \bar{x})^2 = 4.032$

Establecer un intervalo del 99% de confianza para estimar el peso promedio de todos los alumnos del establecimiento.

$N = 600 \qquad C = 99\%$

$n = 64 \qquad Z = 2,58$

$$\bar{x} = \frac{\sum x_i}{n} = \frac{3.710}{64} = 58$$

$$S = \sqrt{\frac{\sum (x_i - \bar{x})^2}{n - 1}} = \sqrt{\frac{4.032}{63}} = 8$$

$$\sigma = \frac{S}{\sqrt{n}} \sqrt{\frac{N - n}{N}}$$

$$\sigma = \frac{8}{\sqrt{64}} \sqrt{\frac{600 - 64}{600}} = 0,945163$$

Estimación por intervalos:

$$\bar{x} \pm Z\,\sigma$$

$$58 \pm 2,58\,(0,945163)$$

$$58 \pm 2,44$$

$$[\,55,56 \quad\text{—}\quad 60,44\,]$$

$$P\,(\,55,56 \;<\; \mu \;<\; 60,44\,) = 99\%$$

Existe una probabilidad de 99% de que el peso promedio se encuentre entre 55,56 kgr y 60,44 kgr.

Muestreo para proporciones. Este método se utiliza cuando hay la necesidad de estimar la proporción de elementos que tienen determinada característica en la población.

En este método la variable X_i puede asumir el valor 1 ó 0 según tengan o no la característica en estudio.

La simbología y fórmulas para el muestreo para proporciones son las siguientes:

C = Característica o atributo en estudio

Numero de elementos que tienen la caracteristica C	$a = \sum x_i$
Numero de elementos que no tienen la caracteristica C	$b = n - a$
Proporción de elementos que tienen la caracteristica C	$p = \dfrac{a}{n} = \dfrac{\sum x_i}{n}$
Proporción de elementos que no tienen la caracteristica C	$q = \dfrac{b}{n} = 1 - p$

Media muestral	$\bar{x} = p = \dfrac{\sum x_i}{n} = \dfrac{a}{n}$

Varianza muestral	$S^2 = \dfrac{n}{n-1}\,p \times q$

Desviación estandar para poblaciones finitas	$\sigma_p = \sqrt{\dfrac{p \times q}{n-1}}\,\sqrt{\dfrac{N-n}{N}}$

Desviación estandar para poblaciones infinitas o poblaciones finitas cuando la muestra es menor al 10% de la población	$\sigma_p = \sqrt{\dfrac{p \times q}{n-1}}$

Tamaño apropiado de la muestra para poblaciones finitas	$n = \dfrac{Z^2\,p\,q\,N + N\,E_m^2}{N\,E_m^2 + Z^2\,p\,q}$

Tamaño apropiado de la muestra para poblaciones infinitas o poblaciones finitas cuando la muestra es menor al 10%	$n = \dfrac{Z^2\,p\,q + E_m^2}{E_m^2}$

Estimación por intervalo	$P(p - Z\sigma_p < P < p + Z\sigma_p) = C\%$

Ejemplo 2.3. Estimación de la media poblacional

Se requiere estimar el porcentaje de una población de 5.000 habitantes que consumen cierto producto.

Para tal efecto se elige una muestra aleatoria de 400 personas, de las cuales 260 consumen el producto.

Establecer un intervalo del 95% de confianza para estimar el porcentaje de personas que consumen el producto.

Que tamaño debería tener la muestra si se determinaría trabajar con un error máximo de 0,05 y un nivel de confianza de 99%?

$$p = \frac{\sum x_i}{n} = \frac{260}{400} = 0,65$$

$$q = 1 - 0,65 = 0,35$$

$$\sigma_p = \sqrt{\frac{p \times q}{n-1}} = \sqrt{\frac{0,65 \times 0,35}{399}} = 0,0239$$

Estimación por intervalos:

$$p \pm Z\sigma_p$$

$$0,65 \pm 1,96\,(0,0239)$$

$$0,65 \pm 0,0468$$

$$[\,0,6032 \quad\text{——}\quad 0,6968\,]$$

$$P(0,6032 < P < 0,6968) = 95\%$$

Existe una probabilidad de 95% de que el 60,32% a 69,68% de la población consuma el producto.

Tamaño de la muestra:

$$n = \frac{Z^2\,p\,q + E_m^2}{E_m^2}$$

$$n = \frac{(2,58)^2(0,65)(0,35) + (0,05)^2}{(0,05)^2}$$

$$n = 607$$

Para tener un error máximo permitido de 5% y un nivel de confianza de 99%, el tamaño de la muestra debería ser 607.

Cuestionario de la encuesta. Al elaborar el cuestionario de la encuesta se deben considerar los siguientes aspectos:

- Las preguntas deben ser sencillas y claras, incluyendo respuestas de selección múltiple, ordenación según preferencias o por intervalos.

- Utilizar un lenguaje que entienda cualquier persona.

- No hacer preguntas del tipo "que opina acerca de ...."

- No realizar preguntas personales que molesten al entrevistado, como ser su edad o el monto exacto de sus ingresos. En estos casos es conveniente utilizar intervalos, como por ejemplo edad menor a 18 años, entre 18 y 30 años, entre 30 y 50 años y más de 50 años.

- Solo se debe hacer las preguntas necesarias para no cansar al entrevistado.

- El cuestionario puede ser llenado por el entrevistado o por el encuestador. En el primer caso el cuestionario debe ser fácil de leer y comprender y que no provoque cansancio con solo verlo.

- Antes de aplicar el cuestionario es conveniente hacer una prueba piloto.

Cuantificación de la demanda

Una vez que se cuenta con toda la información, sea de fuentes primarias o secundarias, se debe procesar y analizar los datos, a efectos de cuantificar la demanda actual del producto o servicio y estimar su evolución para los próximos años.

Estimación de la población utilizando datos de censos. El tamaño de una población se puede estimar en base a datos de censos y tasas de crecimiento.

La fórmula para estimar la población en el año **n** es la siguiente:

$$P_n = P_o (1 + g)^n$$

Donde:

P_n Población en el año n
P_o Población en el año base
g   Tasa de crecimiento poblacional
n   Número de años entre el año base y el año n

Ejemplo 2.4. ## Estimación de la población

La población de un departamento el año 2011 es de 1.786.040 personas
La tasa de crecimiento de la población es 2,15%.
Estimar la población para el año 2012.

$$P_{2012} = P_{2011} (1 + 0,0215)^{1}$$

$$P_{2012} = 1.786.040 \times 1,0215$$

$$P_{2012} = 1.824.440 \text{ personas}$$

Estimación de la población por medio de investigación de campo. Existen situaciones en las que se requiere estimar la población de un subconjunto pequeño (un barrio, un grupo de barrios o una zona) sobre el cual no se posee datos.

En estos casos se puede acudir al método de investigación de campo con conteo de viviendas y aplicación muestral, para lo cual se tiene que seguir los siguientes pasos:

- Definición del área geográfica sobre el que se hará el estudio de población

- Recopilación de cartografía actualizada

- Conteo y listado de manzanas, número de viviendas unifamiliares, numero de departamentos en edificios en propiedad horizontal y numero de locales comerciales

- Diseño y selección de la muestra, determinando el tamaño de la muestra mediante un método estadístico. La selección se debe efectuar en forma aleatoria.

- Encuesta muestral. Visita a las viviendas seleccionadas en la muestra y entrevista con aplicación del formulario diseñado para el efecto. El formulario debe ser sencillo y claro.

Para determinar la demanda de un proyecto se tiene que identificar la demanda actual y la demanda proyectada. Se entiende por demanda actual a aquella existente en el momento que se esta desarrollando el estudio. Proyectar la demanda no es mas que estimar lo que sucederá a futuro con la población objetivo del proyecto.

La estimación de la demanda se hace teniendo en cuenta la cantidad de la población existente en el área de interés por un **factor de consumo**, que no es otra cosa que la media de consumo de un bien o servicio en un determinado periodo de tiempo, por ejemplo si se estudia la demanda de leche se tomará en cuenta la población objetivo y el consumo de leche por persona al año, si la población asciende a 525.300 personas y el consumo por persona es de 120 litros/año, la demanda de leche será 63.036.000 litros al año. El factor de consumo se puede obtener de estudios anteriores realizados sobre la población, por analogía de poblaciones con características similares o mediante muestreo.

También se puede hacer proyecciones a partir de series de datos históricos de consumo, sin necesidad de recurrir a la población objetivo como base de cálculo. El método consiste en identificar cual ha sido la tendencia del consumo de los años anteriores y proyectar el consumo esperado manteniendo la tendencia observada. Por ejemplo si se esta estudiando el consumo de carne de res, se puede recurrir a estadísticas sobre número de cabezas de ganado vacuno faenadas por año.

Las unidades de muestreo pueden ser personas u hogares (familias). Cuando el producto es de uso personal (vestimenta, comestibles) se considerará como unidades de muestreo las personas. En bienes como muebles o viviendas, las unidades de muestreo serán los hogares.

Características y comportamiento del consumidor

Al estudiar la demanda es importante estudiar las características y el comportamiento del consumidor. Para ello debe estudiarse los hábitos de consumo de la población, lo que permitirá conocer cómo compra, al contado o al crédito, diaria o semanalmente, en tamaño individual o familiar. Además será importante conocer porque compra, es decir las motivaciones que inducen a optar por una determinada marca, envase o producto sustituto. Asimismo, será necesario identificar quien toma la decisión de compra.

Si el producto va a entrar a competir con otros ya establecidos, será necesario estudiar el grado de lealtad a una marca o lugar de venta, los efectos de las promociones y publicidad de la competencia y la sensibilidad de la demanda tanto al precio como a las condiciones de crédito.

Ejemplo 2.5. Estudio por muestreo

Se encuentra en estudio un proyecto de producción de mermelada de frutas, del que se requiere estimar la demanda del mercado y la preferencia del consumidor por sabores y tipo de envase.

Para cuantificar la demanda se recurrirá a fuentes primarias y secundarias de información.

Las fuentes primarias indican que la población objetivo tiene 986.200 habitantes y que el número promedio de miembros de una familia es 5,2.

Para realizar el estudio por muestreo se ha determinado un tamaño de muestra de 320 familias, considerando una desviación estándar de 0,4563 kgr (obtenida de una muestra piloto), un nivel de confianza de 95% y un error máximo permitido de 5%, según se muestra a continuación.

$$n = \frac{Z^2 \times S^2}{E_m^{\;2}}$$

$$n = \frac{1,96^2 \times 0,4563^2}{0,05^{\;2}}$$

$$n = 320$$

No toda la población tiene capacidad para comprar mermeladas, por lo que se considerará familias que tengan al menos un ingreso mensual de US$ 300.

Para el efecto se debe diseñar un cuestionario de encuesta, con el objetivo de cuantificar el consumo de mermeladas, establecer la preferencia de sabores, el tipo de envase preferido y el ingreso de los consumidores.

CUESTIONARIO DE ENCUESTA

1. Consume mermeladas?

    Si ☐   No ☐

2. Que sabor de mermelada prefiere?

    Frutilla ☐   Durazno ☐   Piña ☐   Guinda ☐   Maracuyá ☐

3. Que tamaño de envase compra y con que frecuencia?

Tamaño	Frecuencia			
350 gramos ☐	Cada 7 dias ☐	Cada 15 dias ☐	Cada 30 dias ☐	A veces ☐
550 gramos ☐	Cada 7 dias ☐	Cada 15 dias ☐	Cada 30 dias ☐	A veces ☐
1.000 gramos ☐	Cada 7 dias ☐	Cada 15 dias ☐	Cada 30 dias ☐	A veces ☐

4. En que tipo de envase compra?

    De vidrio ☐ De plástico ☐

5. Cual es su ingreso familiar mensual?

    Menos de US$ 300 ☐

    Entre US$ 301 y US$ 600 ☐

    Entre US$ 601 y US$ 900 ☐

    Más de US$ 901 ☐

Los resultados de la encuesta fueron los siguientes:

1. Consume mermeladas?

Respuesta	Numero de personas	Porcentaje
Si	320	92,5%
No	26	7,5%
Total	**346**	**100,0%**

2. Que sabor de mermelada prefiere?

Respuesta	Numero de personas	Porcentaje
Frutilla	175	54,7%
Durazno	102	31,9%
Piña	28	8,8%
Guinda	11	3,4%
Maracuyá	4	1,3%
Total	**320**	**100,0%**

3. En que tamaño de envase compra?

Respuesta	Numero de personas	Porcentaje
350 gramos	155	48,4%
550 gramos	114	35,6%
1000 gramos	51	15,9%
Total	**320**	**100,0%**

4. Con que frecuencia compra mermeladas?

Respuesta	Numero de personas	Porcentaje
Cada 7 dias	16	5,0%
Cada 15 dias	72	22,5%
Cada 30 dias	216	67,5%
Eventualmente	16	5,0%
Total	**320**	**100,0%**

5. En que tipo de envase compra?

Respuesta	Numero de personas	Porcentaje
Envase de vidrio	280	87,5%
Envase de plastico	40	12,5%
Total	320	100,0%

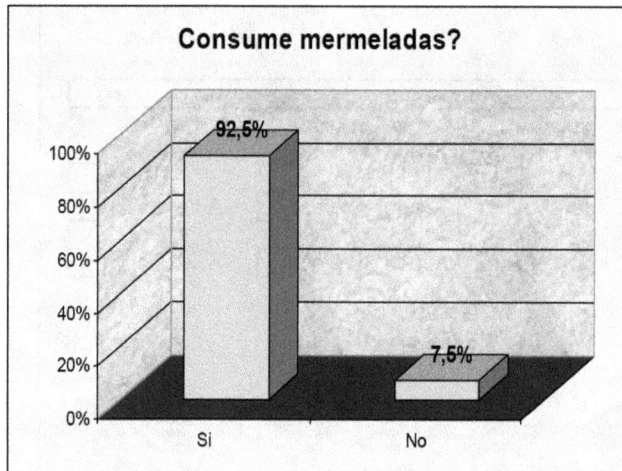

6. Cual es su ingreso familiar mensual?

Respuesta	Numero de personas	Porcentaje
Menos de US$ 300	32	10,0%
Entre US$ 301 y US$ 600	45	14,1%
Entre US$ 601 y US$ 900	155	48,4%
Más de US$ 901	88	27,5%
Total	320	100,0%

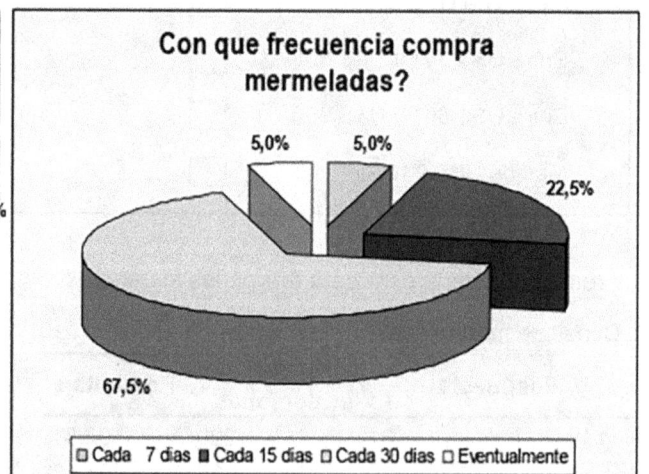

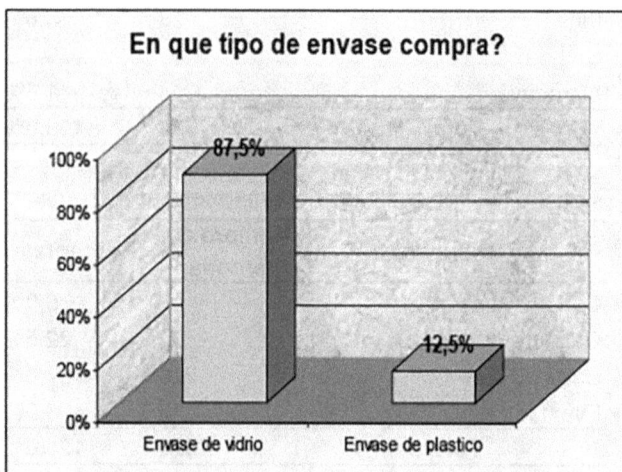

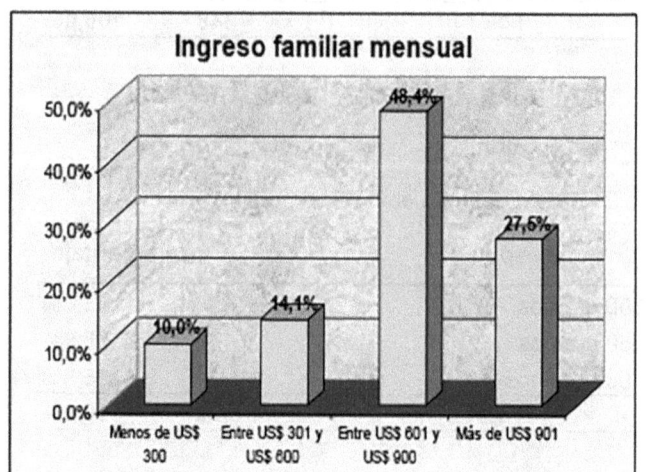

Consume mermeladas?

Sabor de mermelada preferido

□ Frutilla □ Durazno □ Piña ■ Guinda ■ Maracuyá

En que tamaño de envase compra?

□ 350 gramos □ 550 gramos ■ 1000 gramos

Con que frecuencia compra mermeladas?

□ Cada 7 dias ■ Cada 15 dias □ Cada 30 dias □ Eventualmente

En que tipo de envase compra?

Ingreso familiar mensual

El consumo promedio mensual se calculó multiplicando el tamaño de cada envase por la frecuencia de consumo mensual (a veces se consideró una vez al año), se sumaron los resultados y se dividió entre el tamaño de la muestra.

CALCULO DEL CONSUMO MENSUAL DE MERMELADAS

En gramos

Tamaño de envase	Frecuencia de compra				Consumo mensual				Total consumo mensual
	Cada 7 dias	Cada 15 dias	Cada 30 días	A veces	Cada 7 dias	Cada 15 dias	Cada 30 días	A veces	
350 gramos	8	28	117	2	11.200	19.600	40.950	58	71.808
550 gramos	5	24	77	8	11.000	26.400	42.350	367	80.117
1000 gramos	3	20	22	6	12.000	40.000	22.000	500	74.500
Total	16	72	216	16	34.200	86.000	0	925	226.425

$$\text{Consumo promedio mensual por familia} = \frac{\text{Total consumo mensual}}{\text{Tamaño de la muestra}} = \frac{226.425}{320}$$

Consumo promedio mensual por familia = 707,58 gramos

Cuantificación de la demanda:

Población objetivo	986.200 habitantes
Número de miembros por familia	5,2
Numero de familias	189.654 familias
Familias con ingreso superior a US$ 300 (90%)	170.688 familias
Familias que consumen mermelada (92,5%)	157.887 familias
Factor de consumo	0,7076 kgr / mes
Demanda mensual	111.721 kgr
Demanda anual	1.340.649 kgr

Ejemplo 2.6. **Estimación de la demanda**

Estimar la demanda de un proyecto de construcción de departamentos en propiedad horizontal en la zona urbana de un departamento, en base a la siguiente información:

Información de fuentes primarias:

Población total del departamento	1.786.040 habitantes
Población del área urbana	34%
Población del área rural	66%
Número de personas promedio por hogar	4 personas

Información obtenida mediante un estudio por muestreo:

Unidad de estudio	Hogares
Hogares sin vivienda	36%
Hogares con ingresos superiores a US$ 1.000	30%
Preferencia por vivir en departamentos	60%

Cuantificación de la demanda:

Población del departamento	1.786.040 habitantes
Población área urbana (34%)	607.254 habitantes
Número de hogares (4 personas / hogar)	151.813 hogares
Hogares sin vivienda (36%)	54.653 hogares
Hogares con ingresos superiores a US$ 1.000 (30%)	16.396 hogares
Hogares que prefieren vivir en departamentos (60%)	9.838 hogares

2.4.   Estudio de la oferta

La oferta es la cantidad de bienes o servicios que los productores están dispuestos a ofrecer en el mercado a determinados precios.

La cantidad ofertada es una función directa de su precio, a medida que el precio aumenta, la cantidad aumenta.

Gráficamente la oferta en función al precio se la representa por una curva ascendente, como se ilustra en la figura 2.2 A mayor precio mayor será la cantidad ofrecida por los productores.

Figura 2.2.   **Gráfica de la curva de la oferta**

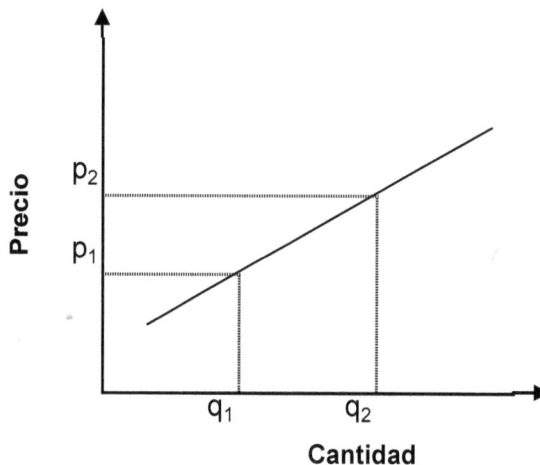

Por el número de oferentes, la oferta se puede clasificar en oferta competitiva, oferta oligopólica u oferta monopólica. La oferta competitiva es cuando los productores se encuentran en un mercado de libre competencia, donde existe un gran número de productores y ninguno domina el mercado. La oferta oligopólica se caracteriza porque el mercado se encuentra dominado por un pequeño número de productores. La oferta monopólica es cuando existe un solo productor que domina totalmente el mercado imponiendo calidad, precio y cantidad.

El estudio de la oferta tiene por objeto determinar las cantidades que los oferentes ofrecen o están dispuestos a ofrecer en el mercado a determinados precios.

Para analizar la oferta se tiene que recabar datos de fuentes primarias o fuentes secundarias. Las fuentes secundarias son las estadísticas oficiales emitidas por entidades públicas, revistas especializadas y estadísticas de cámaras sectoriales. Las fuentes primarias de información se refieren a la recopilación de datos mediante investigaciones de campo.

Para el análisis de la oferta se debe obtener una lista de las empresas productoras, con la siguiente información:

- Productos o servicios que ofrecen

- Volumen de producción

- Participación de mercado

- Ubicación geográfica

- Capacidad instalada y capacidad utilizada

- Calidad y precio de los productos o servicios

- Planes de expansión

- Inversiones en activos fijos

- Número de trabajadores

- Sistema de comercialización

- Si la oferta proviene de importaciones se debe conocer el volumen de esta y analizar su comportamiento (creciente, decreciente, estacionario), de que países proviene, que características tiene el producto en cuanto a calidad, presentación, diseño, envase, marca y otras. Se debe identificar las empresas que se dedican a la importación de estos productos correspondiendo en su caso efectuar una comparación entre la producción nacional y las importaciones.

Al analizar la oferta se debe tomar en cuenta la oferta real actual considerando la capacidad utilizada actual y la oferta potencial considerando la capacidad instalada de los productores.

Se debe precisar la evolución histórica de la oferta, es decir la evolución o comportamiento de la oferta en el tiempo, identificando sus tendencias y tasas de crecimiento.

En base a esta información se procederá a la estimación de la oferta futura, para lo cual se deberá efectuar proyecciones.

En muchos proyectos será necesario conocer la estrategia comercial que desarrolla la competencia, la política de precios, las condiciones, plazos y costos de créditos que ofrece, los descuentos por volúmenes y pronto pago, las promociones, publicidad, los canales de distribución que emplean y la situación financiera.

2.5. Demanda insatisfecha

Demanda insatisfecha a la cantidad de bienes o servicios que ningún productor podrá satisfacer si prevalecen las condiciones actuales del mercado.

La demanda insatisfecha se determina por simple diferencia entre la oferta y la demanda del producto, la que se debe calcular tanto de la situación actual como de la situación futura.

2.6.   Estudio de los precios

Los precios inciden en los niveles de venta y en las utilidades del proyecto porque las cantidades vendidas están en función al precio de venta.

Se debe analizar el comportamiento histórico de los precios, estableciendo su tendencia (creciente, decreciente, fluctuante, estable) y las tasas de crecimiento o decrecimiento.

En el análisis de precios se debe especificar si son precios a intermediarios mayoristas, minoristas o consumidor final. Los precios que se analicen pueden ser diferentes a los precios que se considerarán en el cálculo de los ingresos del proyecto, si existe varios intermediarios en la cadena de comercialización del producto. El precio que se analice y proyecte será el mismo que se use en el estado de resultados si la empresa venderá directamente al consumidor final.

En la proyección de precios se debe especificar si son precios nominales o reales. Si los precios son nominales se debe indicar la tasa de inflación que se esta considerando.

Para determinar el precio de venta se debe tomar en cuenta los siguientes aspectos:

- La cantidad, calidad y tipo de envase del producto.

- El costo del producto o servicio. La base de todo precio de venta es el costo de producción mas los gastos de administración y los gastos de comercialización, a los que se debe añadir el margen de utilidad.

- Si la empresa venderá a través de intermediarios mayoristas, minoristas o directamente al consumidor final.

- La extensión del canal de comercialización. Si la cadena de comercialización es larga, el precio final hasta puede duplicarse.

- La reacción de la competencia. Si existe competidores muy fuertes, su reacción frente a un nuevo competidor podría ser bajar el precio.

- El control de precios que puede imponer el gobierno sobre el producto.

- Las condiciones económicas del país. En épocas de bonanza se pueden elevar los precios. En épocas de crisis económicas interesará permanecer en el mercado.

- La estrategia de mercadeo. La estrategia podría ser ingresar al mercado, ganar participación de mercado, permanecer en el mercado o igualar el precio del competidor más fuerte.

Elasticidad precio de la demanda

La elasticidad precio de la demanda (e) se define como el porcentaje en que varia la cantidad demandada como consecuencia de un cambio porcentual del precio.

$$e = \frac{\text{Cambio porcentual de la cantidad}}{\text{Cambio porcentual del precio}}$$

La demanda de un producto es elástica si un cambio en el precio provoca un incremento proporcional mayor en la cantidad demandada, siendo la elasticidad mayor a uno (e > 1).

La demanda de un producto es inelástica cuando un cambio en el precio provoca un incremento proporcional menor en la cantidad demandada, siendo la elasticidad menor a uno (e < 1).

Si la demanda es elástica, al disminuir el precio el ingreso total aumenta. Si la demanda es inelástica, al disminuir el precio disminuye el ingreso total.

Ejemplo 2.7. **Demanda elástica**

Calcular la elasticidad precio de la demanda de un producto, en base a la siguiente información:

	Situación actual	Situación futura
Precio unitario	US$ 25	US$ 20
Volumen de ventas mensual	50 unidades	75 unidades
Ingreso por ventas	US$ 1.250	US$ 1.500

$$e = \frac{\dfrac{\dfrac{75-50}{50+75}}{2}}{\dfrac{\dfrac{25-20}{25+20}}{2}} = \frac{0,4000}{0,2222} = 1,80 > 1$$

La demanda es elástica ya que elasticidad precio de la demanda es mayor a uno. Al disminuir el precio se incrementa la cantidad demandada en una proporción mayor, aumentando el ingreso total.

Ejemplo 2.8. **Demanda inelástica**

Calcular la elasticidad precio de la demanda de un producto, en base a la siguiente información:

	Situación actual	Situación futura
Precio unitario	US$ 25	US$ 20
Volumen de ventas mensual	50 unidades	60 unidades
Ingreso por ventas	US$ 1.250	US$ 1.200

$$e = \frac{\dfrac{\dfrac{60-50}{50+60}}{2}}{\dfrac{\dfrac{25-20}{25+20}}{2}} = \frac{0,1818}{0,2222} = 0,81 < 1$$

La demanda es inelástica ya que elasticidad precio de la demanda es menor a uno. Al disminuir el precio se incrementa la cantidad demandada en una proporción menor, disminuyendo el ingreso total.

Política de precios

Un proyecto podría adoptar una estrategia de precios de descreme, precios de penetración o discriminación de precios.

Precios de descreme. Es una estrategia que se aplica para productos nuevos en la que la empresa inicialmente fija un precio elevado y concentra sus esfuerzos de mercadeo en clientes que valoran más el producto. Luego, a medida que se agoten sus oportunidades, se reduce los precios para llegar a un mayor grupo de compradores con menores ingresos. Este proceso se repite hasta llegar a todos los clientes potenciales.

Precios de penetración. Es una estrategia que consiste en fijar precios mínimos con el objetivo de penetrar al mercado y ganar participación de mercado, para luego incrementar el precio del producto.

Discriminación de precios. Esta estrategia consiste en que una empresa vende un producto a precios diferentes, por ejemplo productos alimenticios que se venden a hoteles y restaurantes con precios más bajos de lo que se venden en tiendas minoristas o si un empresa exporta, fijar precios diferentes en distintos países.

2.7.   Estudio de la comercialización

La comercialización es la actividad que permite al productor hacer llegar el producto o servicio al consumidor final.

Una empresa debe diseñar un sistema de distribución, escogiendo entre vender directamente a los clientes a través de su propia fuerza de ventas o hacerlo a través de agentes independientes, mayoristas y minoristas.

La decisión depende si la empresa tiene el volumen de ventas necesario para apoyar un esfuerzo de ventas directas. Estos costos son en gran parte una función del número de clientes potenciales, su grado de concentración o dispersión, la cantidad que cada cliente compre en un período dado y los costos logísticos (transporte del producto). Otro aspecto a considerar es el grado de control que el productor desee ejercer sobre la estrategia y ejecución de las ventas.

Las empresas que producen bienes de consumo rara vez distribuyen de forma directa porque los clientes potenciales son demasiado numerosos y están ampliamente dispersos.

Los canales directos cubren menos mercado. Los canales de distribución encarecen más el precio final pero abarcan mas mercado.

Los beneficios que ofrecen los distribuidores mayoristas y minoristas son los siguientes:

• Ofrecen el lugar y el momento oportunos para ser consumidos.

- Compran grandes volúmenes del producto y los distribuyen haciéndolos llegar a lugares lejanos.

- Salvan distancias y asumen los riesgos del transporte.

- Promueven la venta a crédito a los consumidores asumiendo el riesgo de cobro.

- Al estar en contacto directo con el consumidor sabe la cantidad y el tipo de artículo que se venderá.

2.8. Métodos de proyección

En el estudio de la demanda, oferta y precios no solo se debe analizar el comportamiento histórico y la situación actual, sino también la situación futura.

Los métodos de proyección son técnicas estadísticas que se emplean para pronosticar el comportamiento de variables.

El objetivo de estos métodos es que a partir de datos históricos se pronostique el comportamiento futuro de una variable.

El supuesto básico para todo pronóstico es que la conducta de las variables obedece a factores que fueron válidas en el pasado y que de igual manera incidirán en el futuro.

Para proyectar, la condición básica es la disponibilidad de datos históricos, sobre los cuales se aplican modelos de proyección. Los métodos de proyección más utilizados son los modelos de regresión y los modelos en base a tasas de crecimiento.

Modelos de regresión

Este método consiste en ajustar la ecuación de una curva a una serie de valores dispersos, curva que se considera el mejor ajuste, porque la suma del cuadrado de las desviaciones de los valores respecto a la media es mínima.

Para la aplicación de este método se debe analizar el comportamiento de la variable dependiente en función de una variable independiente y emplear la ecuación que mas se ajusta a la tendencia.

Para hacer pronósticos se utiliza las ecuaciones de regresión obtenidas, asignando valores futuros a la variable independiente y calculando el valor correspondiente de la variable dependiente.

El ajuste se puede hacer a las siguientes funciones:

Función lineal	$Y = a + b X_i$
Función potencial	$Y = a X_i^b$
Función exponencial	$Y = a b^X$
Función parabólica	$Y = a + b X_i + c X_i^2$
Función hiperbola equilátera	$Y = a / X_i$

Donde:
X   Variable independiente
Y   Variable dependiente

Regresión lineal

Este modelo consiste en ajustar una línea recta a un conjunto de datos. Para analizar la relación entre dos variables se grafica los pares de valores, consignando la variable dependiente en el eje X y la variable dependiente en el eje Y. Si los pares de puntos tuvieran un comportamiento lineal, se ajusta una línea recta, de tal manera que la diferencia (error) entre los valores ajustados y los valores observados sea la más pequeña posible.

En la regresión lineal se trata de ajustar al diagrama de dispersión una ecuación lineal del tipo:

$$Y = a + b\,X$$

Donde:

Y   Variable dependiente

X   Variable independiente

a   Intersección con el eje Y (ordenada al origen)

b   Pendiente de la línea de regresión

En la figura 2.3 se ilustra un diagrama de dispersión que tiene un comportamiento lineal.

Figura 2.3. **Diagrama de dispersión**

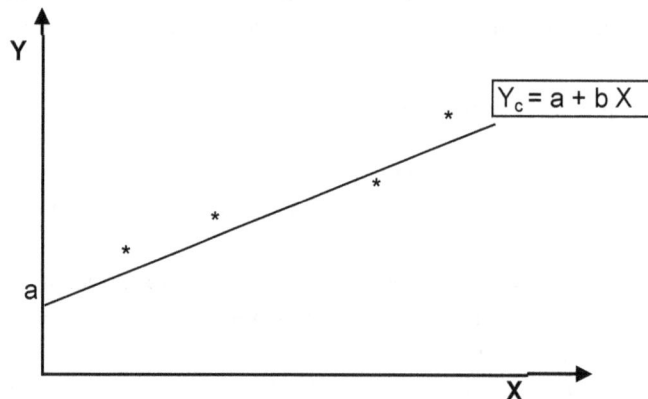

Para determinar la ecuación de regresión se utiliza el método de los mínimos cuadrados, que consiste en determinar las diferencias de todos los valores observados con los valores calculados, los cuales se elevan al cuadrado y se minimiza aplicando la derivada de esta función respecto a cada una de los parámetros, en este caso a y b, obteniendo así un sistema de dos ecuaciones con dos incógnitas.

El procedimiento matemático que se sigue para hallar los valores de a y b es el siguiente:

Si simbolizamos con Y_i los valores observados (reales), con Y_c los valores calculados y con e_i las diferencias de estos valores, obtenemos una función de estas diferencias que elevando al cuadrado y derivando esta función respecto a cada uno de los parámetros se obtiene las siguientes ecuaciones.

$e_i = Y_i - Y_c$

$\sum (Y_i - Y_c)^2$

$Z = \sum (Y_i - a - bX)^2$

$\dfrac{\partial Z}{\partial a} = 2 \sum (Y_i - a - bX)(- 1) = 0$

$\dfrac{\partial Z}{\partial b} = 2 \sum (Y_i - a - bX)(- X) = 0$

$$\begin{cases} \sum Y_i - \sum a - \sum b\,X_i = 0 \\ \sum Y_i X_i - \sum a\,X_i - \sum b\,X_i^2 = 0 \end{cases}$$

$$\begin{cases} \sum Y_i = n\,a - b \sum X_i \\ \sum Y_i X_i = a \sum X_i + b \sum X_i^2 \end{cases}$$

Los valores de a y b se obtienen resolviendo este sistema de dos ecuaciones con dos incógnitas o utilizando alternativamente las siguientes fórmulas:

$$b = \frac{n \sum X_i Y_i - \sum X_i \sum Y_i}{n \sum X_i^2 - (\sum X_i)^2}$$

$a = \overline{Y} - b\,\overline{X}$

Ejemplo 2.9. Proyección de la demanda

La demanda de un producto en los últimos seis años ha sido la siguiente:

2006	2007	2008	2009	2010	2011
100	120	150	180	200	210

Ajustar estos valores a una línea recta y estimar los valores proyectados para los años 2012, 2013, 2014 y 2015.
En este caso la variable independiente es el tiempo, a los que se le asigna los valores -5, -3, -1, 1, 3, 5 porque los datos son pares. Si el número de datos hubiera sido impar, por ejemplo siete años, se le hubiera asignado los valores -3, -2, -1, 0, 1, 2, 3.

Año	X_i	Y_i	$X_i Y_i$	X_i^2
2006	-5	100	-500	25
2007	-3	120	-360	9
2008	-1	150	-150	1
2009	1	180	180	1
2010	3	200	600	9
2011	5	210	1050	25
$\sum$	0	960	820	70

$$\overline{Y} = \frac{\sum Y_i}{n} = \frac{960}{6} = 160$$

Cálculo mediante sistema de ecuaciones:	Cálculo mediante formulas:
$\sum Y_i = n\,a - b\sum X_i^{\,0}$ $\sum Y_i X_i = a\sum X_i^{\,0} + b\sum X_i^2$ $960 = 6\,a \qquad a = 160$ $820 = 70\,b \qquad b = 11{,}71$ $Y = 160 + 11{,}71\,X_i$	$b = \dfrac{n\sum X_i Y_i - \sum X_i^{\,0}\sum Y_i}{n\sum X_i^2 - (\sum X_i)^{\,0}{}^2}$ $b = \dfrac{6\,(820)}{6\,(70)} = 11{,}71$ $a = \overline{Y} - b\,\overline{X} = 160$ $Y = 160 + 11{,}71\,X_i$

Para proyectar valores se reemplaza en la ecuación calculada el valor de la variable X correspondiente, por ejemplo para el año 2012 el valor de X será 7 y el valor de Y será 241,97.

$$Y = 160 + 11{,}71\,(7) = 241{,}97$$

DEMANDA PROYECTADA

X_i	Año	Demanda
7	2012	241,97
9	2013	265,39
11	2014	288,81
13	2015	312,23

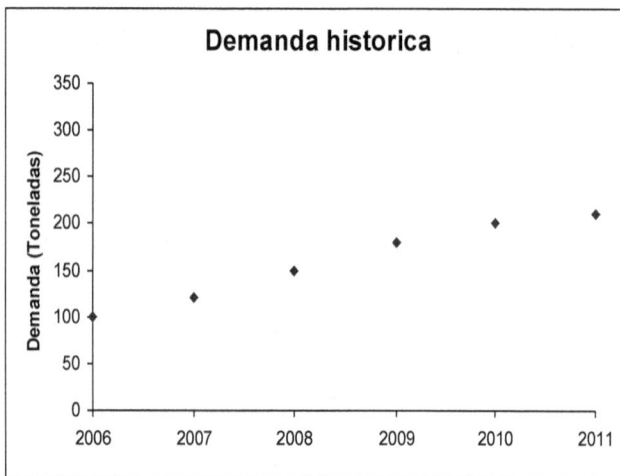

Demanda historica

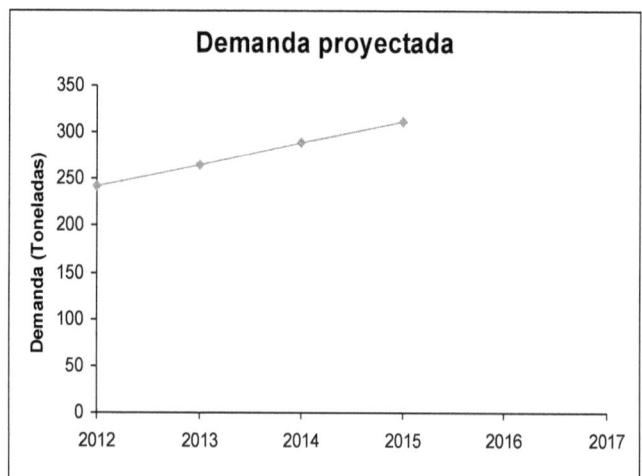

Demanda proyectada

Coeficiente de correlación simple

El coeficiente de correlación simple es un índice que mide el grado en que se relacionan dos variables X y Y. El valor de la correlación esta entre − 1 y + 1. El grado de correlación es mayor cuando el coeficiente se acerca al valor máximo de 1, si esta próximo a cero, indica que no hay correlación.

Si la correlación es positiva, se dice que las variables están correlacionadas positivamente, si es negativa se dice que están correlacionadas negativamente y si es cero, se dice que no están correlacionadas.

Si la correlación es perfecta y existe una relación directa entre las variables, el coeficiente de correlación será igual a 1, si la correlación es perfecta pero están inversamente correlacionadas el coeficiente será igual a − 1, si no existe correlación será igual a 0.

En la figura 2.4 se ilustra una correlación positiva perfecta y correlación negativa perfecta.

Figura 2.4. **Correlaciones perfectas**

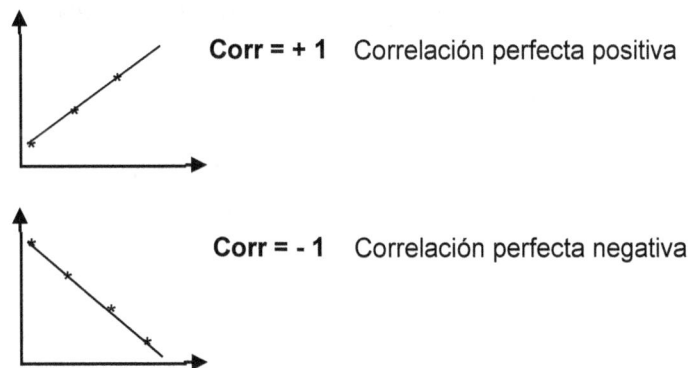

Corr = + 1   Correlación perfecta positiva

Corr = - 1   Correlación perfecta negativa

Existen tres formulas para el cálculo de la correlación entre dos variables:

$$Corr = \frac{n \sum X_i Y_i - \sum X_i \sum Y_i}{\sqrt{[n \sum X_i^2 - (\sum X_i)^2][n \sum Y_i^2 - (\sum Y_i)^2]}} \qquad (1)$$

$$Corr = \frac{\sum X_i Y_i - n \overline{X} \, \overline{Y}}{\sqrt{[\sum X_i^2 - n \overline{X}^2][\sum Y_i^2 - n \overline{Y}^2]}} \qquad (2)$$

$$Corr = \frac{Cov(X,Y)}{\sigma_x \times \sigma_y} \qquad (3)$$

Donde:

$$Cov(X,Y) = \frac{\sum (X_i - \overline{X})(Y_i - \overline{Y})}{n}$$

$$\sigma_x = \sqrt{\frac{\sum (X_i - \overline{X})^2}{n}}$$

$$\sigma_y = \sqrt{\frac{\sum (Y_i - \overline{Y})^2}{n}}$$

Corr	Coeficiente de correlación
Cov (X, Y)	Covarianza entre las variables X y Y
σ_x	Desviación estándar de la variable X
σ_y	Desviación estándar de la variable Y

Ejemplo 2.10. Cálculo de coeficiente de correlación

La demanda de un producto en los últimos seis años ha sido la siguiente:

2006	2007	2008	2009	2010	2011
100	120	150	180	200	210

Determinar la correlación lineal de la demanda en función del tiempo, mediante las tres formulas.

Año	X_i	Y_i	$X_i Y_i$	X_i^2	Y_i^2
2006	-5	100	-500	25	10.000
2007	-3	120	-360	9	14.400
2008	-1	150	-150	1	22.500
2009	1	180	180	1	32.400
2010	3	200	600	9	40.000
2011	5	210	1050	25	44.100
$\sum$	0	960	820	70	163.400

$$\overline{Y} = \frac{\sum Y_i}{n} = \frac{960}{6} = 160$$

$$Corr = \frac{n \sum X_i Y_i - \overset{0}{\cancel{\sum X_i \sum Y_i}}}{\sqrt{[n \sum X_i^2 - (\cancel{\sum X_i})^2][n \sum Y_i^2 - (\sum Y_i)^2]}}$$

$$Corr = \frac{\sum X_i Y_i - \overset{0}{\cancel{n \overline{X} \overline{Y}}}}{\sqrt{[\sum X_i^2 - \cancel{n \overline{X}^2}][\sum Y_i^2 - n \overline{Y}^2]}}$$

$$Corr = \frac{6(820)}{\sqrt{[6 \times 70][6 \times 163.400 - (960)^2]}}$$

$$Corr = \frac{820}{\sqrt{(70)(163.400 - 6 \times 160)}}$$

$$Corr = \frac{4.920}{\sqrt{24.696.000}}$$

$$Corr = \frac{820}{\sqrt{686.000}}$$

$$Corr = 0,99$$

$$Corr = 0,99$$

Año	X_i	Y_i	$X_i - \bar{X}$	$Y_i - \bar{Y}$	$(X_i - \bar{X})(Y_i - \bar{Y})$	$(X_i - \bar{X})^2$	$(Y_i - \bar{Y})^2$
2006	-5	100	-5	-60	300	25	3.600
2007	-3	120	-3	-40	120	9	1.600
2008	-1	150	-1	-10	10	1	100
2009	1	180	1	20	20	1	400
2010	3	200	3	40	120	9	1.600
2011	5	210	5	50	250	25	2.500
Σ	0	960	0	0	820	70	9.800

$$\bar{X} = \frac{\Sigma X_i}{n} = \frac{0}{6} = 0$$

$$\sigma_x = \sqrt{\frac{\Sigma (X_i - \bar{X})^2}{n}} = \sqrt{\frac{70}{6}} = 3,42$$

$$\bar{Y} = \frac{\Sigma Y_i}{n} = \frac{960}{6} = 160$$

$$\sigma_y = \sqrt{\frac{\Sigma (Y_i - \bar{Y})^2}{n}} = \sqrt{\frac{9.800}{6}} = 40,41$$

$$Cov(X,Y) = \frac{\Sigma (X_i - \bar{X})(Y_i - \bar{Y})}{n}$$

$$Corr = \frac{Cov(X,Y)}{\sigma_x \times \sigma_y} = \frac{136,67}{3,42 \times 40,41}$$

$$Cov(X,Y) = \frac{820}{6} = 136,67$$

$$Corr = 0,99$$

Regresión no lineal

Si no existe una relación lineal entre dos variables, se puede ajustar a otro tipo de funciones, como a una función exponencial, a una función potencial o una función parabólica.

Para obtener las ecuaciones de regresión se linealiza la función aplicando logaritmos.

Por ejemplo para una función exponencial, la ecuación linealizada es la siguiente:

$$Y = a\,b^X$$

$$Ln\,Y = Ln\,a + X_i\,Ln\,b$$

Regresión múltiple

En un estudio de mercado a veces es necesario trabajar con más de dos variables. Por ejemplo el producto interno bruto (PIB) podría ser una segunda variable que influya en el comportamiento de la demanda, ya que un alto crecimiento del PIB implicaría una mayor actividad económica que llevaría a un aumento en la demanda de la mayor parte de los bienes y servicios de una economía.

Si se pretende predecir el comportamiento de la demanda de un determinado producto, la predicción será más precisa si consideramos otras variables como el tiempo, el crecimiento del producto interno bruto, el ingreso per cápita, la tasa de inflación o el tipo de cambio.

En una regresión múltiple, se trata de ajustar a una ecuación del siguiente tipo:

$$Y = a + b_1X_1 + b_1X_2 + \ldots\ldots + b_nX_n$$

La solución de estas ecuaciones son complejas, son modelos especializados que no se expondrá porque salen del alcance de este libro. Sin embargo, existen programas computacionales que facilitan su cálculo.

Método mediante tasas de crecimiento

Cuando el comportamiento de una variable sigue una función exponencial o no se dispone de datos históricos se puede utilizar el método de tasas de crecimiento para proyectar el comportamiento futuro de la variable.

La tasa de crecimiento se puede estimar en base al comportamiento histórico de la variable, a través del pronostico de especialistas en la materia o sacando promedios de distintas estimaciones.

Cuando las estimaciones se basan en datos históricos, la tasa de crecimiento se puede calcular mediante la formula del valor futuro o mediante el promedio de tasas de crecimiento interanuales.

El cálculo mediante la fórmula del valor futuro es la siguiente:

$$VF = VP (1 + g)^n$$

$$(1 + g)^n = \frac{VF}{VP}$$

$$g = \sqrt[n]{VF / VP} - 1$$

La tasa de crecimiento anual también se puede obtener sumando las tasas de crecimiento interanuales, dividido entre el número de períodos menos uno.

En el ejemplo 2.11 se ilustra la proyección de la demanda mediante tasas de crecimiento.

Ejemplo 2.11. Proyección mediante tasas de crecimiento

Se cuenta con la siguiente información de la demanda de un producto en los últimos cinco años, a efectos de proyectar la demanda en base al método de tasas de crecimiento.

Año	Demanda En kgr
2007	2.700
2008	3.000
2009	3.300
2010	3.500
2011	3.900

Cálculo de la tasa de crecimiento mediante la formula del valor futuro:

$$g = \sqrt[n]{VF / VP} - 1$$

$$g = \sqrt[4]{3.900 / 2.700} - 1$$

$$g = 9,63\%$$

Cálculo de la tasa de crecimiento mediante el promedio de tasas de crecimiento interanuales:

La tasa de crecimiento de un año en particular se obtiene dividiendo el importe del año entre el año anterior menos 1. Por ejemplo para el año 2008 el cálculo es el siguiente:

$$3.000 / 2.700 - 1 = 11,11\%$$

Año	Demanda	Crecimiento interanual
2007	2.700	0,00%
2008	3.000	11,11%
2009	3.300	10,00%
2010	3.500	6,06%
2011	3.900	11,43%

$$g = \frac{11,11 + 10,00 + 6,06 + 11,43}{4} = 9,65\%$$

La demanda proyectada se calcula multiplicando el valor del año anterior por uno más la tasa de crecimiento $(1 + g)$. Con una tasa de crecimiento de 9,63%, la demanda proyectada para los próximos cinco años será la siguiente:

Año	Demanda proyectada
2012	4.276
2013	4.687
2014	5.139
2015	5.634
2016	6.176

Ejemplo 2.12. **Estimación de la demanda proyectada**

En el ejemplo 2.5 se efectuó un estudio por muestreo para estimar la demanda de mermeladas de frutas de una comunidad, habiéndose estimado la siguiente demanda actual:

Familias que consumen mermelada 157.887 familias
Factor de consumo 0,7076 kgr / mes

Demanda mensual   111.721 kgr
Demanda anual   1.340.649 kgr

Proyectar la demanda para los próximos cinco años considerando que la tasa de crecimiento de la población es 2,25%.

Año	Numero de familias	Demanda anual (En kgr)
2012	161.439	1.370.815
2013	165.072	1.401.658
2014	168.786	1.433.195
2015	172.584	1.465.442
2016	176.467	1.498.415

Ejemplo 2.13. Estimación de la demanda proyectada

A continuación se presenta la demanda histórica de cierto producto y el ingreso per cápita de la población, a efectos de analizar el grado de correlación lineal que existe entre estas dos variables y estimar la demanda proyectada para los próximos cuatro años.

	2007	2008	2009	2010	2011
Demanda (En kgr)	23.040	21.600	24.480	28.800	30.240
Ingreso percápita (En US$)	1.750	1.850	2.050	2.200	2.500

Año	Y_i	X_i	$X_i Y_i$	Y_i^2	X_i^2
2007	23.040	1.750	40.320.000	530.841.600	3.062.500
2008	21.600	1.850	39.960.000	466.560.000	3.422.500
2009	24.480	2.050	50.184.000	599.270.400	4.202.500
2010	28.800	2.200	63.360.000	829.440.000	4.840.000
2011	30.240	2.500	75.600.000	914.457.600	6.250.000
	128.160	**10.350**	**269.424.000**	**3.340.569.600**	**21.777.500**

$$\overline{X} = \frac{\sum X_i}{n} = \frac{10.350}{5} = 2.070$$

$$\overline{Y} = \frac{\sum Y_i}{n} = \frac{128.160}{5} = 25.632$$

$$b = \frac{n \sum X_i Y_i - \sum X_i \sum Y_i}{n \sum X_i^2 - (\sum X_i)^2}$$

$$b = \frac{5(269.424.000) - (10.350)(128.160)}{5(21.777.500) - (10.350)^2}$$

$$b = 11,7076$$

$$a = \overline{Y} - b\overline{X}$$

$$a = 25.632 - 11,7076 \times 2.070$$

$$a = 1.397,1671$$

$$Y = \mathbf{1.397,1671 + 11,7076\ X_i}$$

Cálculo alternativo:

Año	Y_i	X_i	$(Y_i - \bar{Y})$	$(X_i - \bar{X})$	$(Y_i - \bar{Y})(X_i - \bar{X})$	$(X_i - \bar{X})^2$	$(Y_i - \bar{Y})^2$
2007	23.040	1.750	-2.592	-320	829.440	102.400	6.718.464
2008	21.600	1.850	-4.032	-220	887.040	48.400	16.257.024
2009	24.480	2.050	-1.152	-20	23.040	400	1.327.104
2010	28.800	2.200	3.168	130	411.840	16.900	10.036.224
2011	30.240	2.500	4.608	430	1.981.440	184.900	21.233.664
	128.160	**10.350**	**0**	**0**	**4.132.800**	**353.000**	**55.572.480**

$$b = \frac{\sum(X_i - \bar{X})(Y_i - \bar{Y})}{\sum(X_i - \bar{X})^2}$$

$$a = \bar{Y} - b\bar{X}$$

$$a = 25.632 - 11{,}7076 \times 2.070$$

$$b = \frac{4.132.800}{353.000}$$

$$a = 1.397{,}1671$$

$$b = 11{,}7076$$

Cálculo del coeficiente de correlación:

$$\text{Cov}(X,Y) = \frac{\sum(X_i - \bar{X})(Y_i - \bar{Y})}{n} = \frac{4.132.800}{5} = 11{,}48$$

$$\sigma_x = \sqrt{\frac{\sum(X_i - \bar{X})^2}{n}} = \sqrt{\frac{353.000}{5}} = 5{,}3141$$

$$\sigma_Y = \sqrt{\frac{\sum(Y_i - \bar{Y})^2}{n}} = \sqrt{\frac{55.572.480}{5}} = 2{,}3152$$

$$\text{Corr}(X,Y) = \frac{\text{Cov}(X,Y)}{\sigma_X \times \sigma_Y} = \frac{11{,}48}{5{,}3141 \times 2{,}3152} = 0{,}9331$$

Proyección de la demanda:

Para proyectar la demanda se debe proyectar previamente el ingreso per cápita con la tasa de crecimiento calculada en base a los datos históricos y luego sustituir estos valores en la ecuación de regresión para hallar la demanda de cada año proyectado.

Tasa crecimiento ingreso percapita = $\sqrt[4]{2.500/1.750}$ - 1 = 9,33%

Ingreso percapita año 2012	2.500 x 1,0933 = 2.733
Ingreso percapita año 2013	2.733 x 1,0933 = 2.988
Ingreso percapita año 2014	2.988 x 1,0933 = 3.267
Ingreso percapita año 2015	3.267 x 1,0933 = 3.572
Demanda año 2012	Y = 1.397,1671 + 11,7076 (2.733) = 33.394
Demanda año 2013	Y = 1.397,1671 + 11,7076 (2.988) = 36.379
Demanda año 2014	Y = 1.397,1671 + 11,7076 (3.267) = 39.646
Demanda año 2015	Y = 1.397,1671 + 11,7076 (3.572) = 43.217

DEMANDA PROYECTADA

Año	Ingreso percápita	Demanda
2012	2.733	33.394
2013	2.988	36.379
2014	3.267	39.646
2015	3.572	43.217

2.9.   Análisis estructural del mercado

En un estudio de mercado es importante efectuar un análisis de la estructura del sector, para lo que se puede utilizar como marco de referencia el modelo de las cinco fuerzas competitivas de Michael Porter, expuesto en su libro Estrategia Competitiva.

Este modelo sostiene que la competencia en un sector industrial es una combinación de cinco fuerzas competitivas:

1. Rivalidad entre las empresas existentes

2. Ingreso potencial de nuevos competidores

3. Amenaza de productos sustitutos

4. Poder de negociación de los compradores

5. Poder de negociación de los proveedores

Rivalidad entre las empresas existentes

En algunas industrias la rivalidad esta centrada en la competencia de precios, en otras esta enfocada en otros aspectos como la calidad del producto, innovación de productos, el servicio de post venta, publicidad, redes de distribución o la imagen de marca,

Algunas formas de competir, especialmente la competencia en precios, son bien inestables y puede afectar la rentabilidad de todo el sector.

La rivalidad en un sector es el resultado de los siguientes factores:

Número de competidores.   La rivalidad se intensifica a medida que aumenta el número de competidores.

Crecimiento lento en el sector. La rivalidad es mas intensa cuando el crecimiento del sector es lento. En un mercado de rápida expansión todos pueden crecer. Cuando el crecimiento es lento, las empresas con deseo de aumentar su participación en el mercado reducen los precios o adoptan otras tácticas que hace más competitivo el sector.

Costos fijos elevados. Cuando los costos fijos son elevados, los costos unitarios son menores a mayor nivel de producción, debido a que los costos fijos se distribuyen en un mayor número de unidades de producción. Esto puede crear presiones para que las empresas operen a plena capacidad, lo cual puede dar lugar a disminución de precios.

Situación especial se da cuando los costos de almacenaje son altos o es muy difícil almacenar, donde las empresas tienden a reducir precios para lograr ventas.

Falta de diferenciación. Cuando no existe diferenciación en el producto o servicio, la elección de los compradores se basa en el precio, lo que da como resultado una alta competencia de precios. La diferenciación crea cierta inmunidad a la guerra de precios.

Incremento de la capacidad de producción. Cuando en un sector existen economías de escala, las empresas tenderán a incrementar su capacidad de producción, lo que puede afectar el equilibrio entre la oferta y la demanda.

Competidores diversos. Cuando los competidores tienen diferentes objetivos y diferentes estrategias pueden crear enfrentamientos en el sector. Por ejemplo empresas pequeñas pueden estar conformes con bajas tasas de rendimiento que pueden ser inaceptables por otros.

Barreras de salida. Cuando existe altas barreras de salida pueda existir exceso de capacidad en el sector y baja rentabilidad en el sector. Las principales barreras de salida son las siguientes:

- Activos especializados, que tienen bajos costos de liquidación o elevados costos de transferencia.

- Altos costos de fijos de salida por contratos laborales.

- Interrelaciones estratégicas con empresas del grupo, que hacen que la empresa continúe en el negocio.

- Restricciones sociales y gubernamentales.

Ingreso potencial de nuevos competidores

La amenaza de ingreso de nuevos competidores en un sector depende de las barreras para el ingreso y de la reacción esperada de las empresas existentes ante nuevos ingresos. Si las barreras son altas y/o el que recién ingresa puede esperar una fuerte represalia por parte de los competidores establecidos, la amenaza de ingreso es baja.

Existen seis factores que actúan como barreras de ingreso:

Economías de escala. Las economías de escala se refieren a la reducción de los costos unitarios de un producto por aumento del volumen de producción. Las economías de escala frenan el ingreso, debido a que obligan al que pretende hacerlo a producir en gran escala y corre el riesgo de una fuerte reacción de las empresas existentes.

Diferenciación del producto. Se refiere a que las empresas establecidas tienen identificación de marca y lealtad de los clientes, lo cual se deriva de la publicidad del pasado, servicio al cliente o por diferencias del producto. La diferenciación crea una barrera para el ingreso, obligando a los que participan en él a realizar grandes gastos para superar la lealtad del cliente. Las inversiones para prestigiar una marca son riesgosas, ya que no hay valor de rescate si falla el ingreso.

Requisitos de capital. La necesidad de invertir grandes recursos financieros para competir crea una barrera de ingreso.

Costos cambiantes. Una barrera para el ingreso es la presencia de costos que tiene que hacer el comprador al cambiar de un proveedor a otro.

Acceso a canales de distribución. Se puede crear una barrera para nuevos ingresos por la necesidad de distribución del producto. La nueva empresa debe persuadir a los canales que acepten su producto reduciendo los precios o realizando asignaciones para publicidad compartida. Cuanto más limitado sean los canales mayoristas o minoristas y cuanto más los tengan atados los competidores existentes, será más difícil el ingreso al sector.

Desventajas en costos. Las empresas establecidas pueden tener ventaja de costos no igualables por los competidores de nuevo ingreso, como las siguientes:

*   Tecnología del producto patentado

*   Acceso favorable a materias primas

*   Ubicaciones favorables

*   Curva de aprendizaje o de experiencia. En algunos negocios los costos unitarios declinan en tanto la empresa adquiere más experiencia en la elaboración del producto. Los costos bajan debido a que los trabajadores mejoran sus métodos y se vuelven mas eficientes, mejoras en la distribución de la planta, mejor funcionamiento del equipo. La experiencia no solo se aplica a la producción, sino también a la distribución y la logística. La empresa de ingreso reciente, sin ninguna experiencia, tendrá costos mas elevados que las empresas establecidas y debe soportar grandes pérdidas al inicio.

Política gubernamental. Un gobierno puede limitar o incluso impedir el ingreso a industrias.

Amenaza de productos sustitutos

Los productos o servicios sustitutos limitan los rendimientos potenciales de un sector, fijando techo a los precios que pueden cobrar.
Los productos sustitutos que deben merecer especial atención son los que tienen tendencia a mejorar su desempeño y precios contra el producto del sector y los producidos por sectores que obtienen elevados rendimientos.

Poder de negociación de los compradores

Un comprador o un grupo de compradores son poderosos si concurren las siguientes circunstancias:
*   Compra grandes volúmenes.

*   Los productos son estándar o no diferenciados.

*   Si tienen costos bajos por cambiar de proveedor.

*   Los compradores tienen bajas utilidades, lo que presiona por la rebaja de precios.

*   Existe alta posibilidad de integración hacia atrás del comprador.

*   El producto del sector no es importante para la calidad de los productos o servicios del comprador.

- Poder de compra de los mayoristas, que pueden influir en las decisiones de compra de los minoristas.

- Poder de compra de los minoristas, cuando pueden influir en las decisiones de compra de los consumidores.

Poder de negociación de los proveedores

Un proveedor o un grupo de proveedores tienen alto poder de negociación si concurren las siguientes circunstancias:

- Que este dominado por pocas empresas y mas concentrado que el sector al que vende.

- Que no estén compitiendo con productos sustitutos.

- Que los compradores no sean clientes importantes del proveedor.

- Que los productos del proveedor sea un insumo importante para el comprador.

- Que los productos del proveedor estén diferenciados o requieran costos por cambio de proveedor.

- Que el proveedor represente una amenaza real de integración hacia adelante.

Una vez que se ha efectuado el diagnostico del sector será útil efectuar un análisis FODA, identificando las fortaleza y debilidades del proyecto y las oportunidades y amenazas del sector. Asimismo, será importante establecer la ventaja o ventajas competitivas del proyecto.

Preguntas y problemas

1. Indique cuales son los objetivos de un estudio del mercado.

2. Que entiende por demanda?

3. Que entiende por elasticidad precio de la demanda?

4. Que entiende por demanda elástica y demanda inelástica?

5. Indique cual es el procedimiento para estudiar la demanda por medio de investigación de campo.

6. Que entiende por oferta?

7. Que entiende por demanda insatisfecha?

8. En que consiste la estrategia de discriminación de precios, precios de descreme y precios de penetración?

9. Que beneficios tiene la comercialización a través de canales de distribución?

10. Indique cuales son las fuerzas competitivas de un sector.

11. Estudio por muestreo

A efectos de investigar el consumo promedio mensual de aceite se elige una muestra aleatoria de 519 familias (6% de la población), obteniéndose la siguiente información:

$$\sum X_i = 6.488$$

$$\sum (X_i - \overline{X})^2 = 149.702$$

a) Establezca un intervalo del 95% de confianza para estimar el consumo promedio de la población.

b) Que tamaño debería tener la muestra si se hubiera decidido trabajar con el 99% de nivel de confianza y con un error máximo permitido de 1,5?

12. Estudio por muestreo

En una ciudad de 8.000 hogares se efectúa un muestreo para determinar la proporción de familias que consumen leche de soya. Para tal efecto se elige una muestra aleatoria de 200 hogares, de los cuales 40 consumen leche de soya.

a) Establezca un intervalo de confianza de 95% para estimar la proporción de hogares que consumen leche de soya.

b) Que tamaño debería tener la muestra si se hubiera determinado trabajar con un error máximo permitido de 4% y un nivel de confianza de 99%?

13. Proyección de la demanda

Se ha establecido que la demanda de un producto esta en función del ingreso percápita. En base a la información que se indica a continuación establezca la función de regresión lineal, determine el coeficiente de correlación y proyecte la demanda para los años 2012, 2013, 2014, 2015 y 2016.

	2007	2008	2009	2010	2011
Demanda (En kgr)	5.220	5.728	6.482	6.947	7.450
Ingreso percápita (En US$)	2.000	2.200	2.300	2.600	3.000

3 Tamaño y localización

En este capítulo expondremos los aspectos que se deben considerar para determinar el tamaño y la localización de un proyecto.

3.1. Tamaño del proyecto

El tamaño de un proyecto se refiere a la capacidad instalada de la planta, es decir la máxima capacidad de producción del proyecto por periodo de tiempo.

Para determinar el tamaño de un proyecto se debe considerar la demanda del producto, la disponibilidad de materia prima e insumos, la distribución geográfica del mercado, la tecnología de la maquinaria y el financiamiento del proyecto.

a) Demanda del producto o servicio

Para definir el tamaño de un proyecto se debe considerar la demanda potencial del producto o servicio, pudiendo optarse por un gran tamaño con una capacidad ociosa inicial para atender progresivamente a una mayor demanda o definir un tamaño menor para posteriormente ampliar la capacidad instalada.

b) Disponibilidad de materia prima e insumos

La disponibilidad de materia prima e insumos condiciona el tamaño del proyecto.

La materia prima e insumos podrían no estar disponibles en la cantidad y calidad deseada, limitando el uso de la capacidad instalada.

Es necesario analizar no solo los niveles de recursos existentes en el momento del estudio sino también aquellos que se espera a futuro, así como el cambio en el precio de estos en el futuro.

c) Distribución geográfica del mercado

El tamaño del proyecto debe considerar la distribución geográfica del mercado. Se debe evaluar la opción de una planta de gran tamaño para atender un área extendida de la población versus varias plantas de menor tamaño para atender las demandas locales.

Mientras mayor sea el área de cobertura de una planta, mayor será el tamaño del proyecto y en consecuencia mayor su costo de transporte, aunque puede tener economías de escala por la distribución de los costos fijos entre mas unidades producidas, por la posibilidad de obtener mejores precios al comprar mayor cantidad de materia prima y también por la especialización del trabajo.

d) Tecnología de la maquinaria

Existen situaciones en las que los fabricantes de maquinaria ofrecen tecnología con una determinada capacidad de producción, lo cual puede determinar el tamaño del proyecto.

En algunos casos, la tecnología seleccionada permite la ampliación de la capacidad productiva, pero en otras no, por lo que podría ser recomendable invertir inicialmente en una capacidad instalada superior a la requerida si se prevee que en el futuro el comportamiento del mercado y la disponibilidad de insumos hará posible la plena utilización de la capacidad instalada.

Cuando se llegue a utilizar el total de la capacidad instalada de una proyecto, podría presentarse distintas situaciones. Se podría ampliar la capacidad instalada efectuando nuevas inversiones, establecer nuevos turnos de trabajo o aumentar el precio para reducir la cantidad demandada.

e) El financiamiento del proyecto

Los recursos financieros necesarios para financiar las inversiones de un proyecto, tanto con recursos propios como con recursos ajenos, podría ser una limitante para definir el tamaño de un proyecto.

En el estudio se debe indicar cual es el factor o factores que se han considerado para determinar el tamaño del proyecto, especificando cual es la capacidad instalada por periodo de tiempo.

3.2.   Localización del proyecto

La localización del proyecto consiste en identificar la región geográfica y lugar exacto donde se instalará el proyecto.

En el análisis de la localización se debe establecer la macrolocalización y la microlocalización del proyecto.

La macrolocalización establecerá el lugar geográfico que responda a las condiciones requeridas por el proyecto que puede ser una región, departamento, municipio, zona urbana, zona rural.

La microlocalización consiste en definir el lugar exacto donde se localizara el proyecto, dentro de la macrozona elegida.

Los factores que influyen en la localización de un proyecto son los siguientes:

a) Cercanía del mercado

Cuando el volumen de la materia prima por transportar es menor al volumen del producto terminado será conveniente localizar el proyecto cerca de los mercados.

b) Cercanía de las fuentes de abastecimiento de materia prima

Cuando se trata de productos perecederos o cuando el volumen de la materia prima es superior al volumen del producto terminado, como por ejemplo la leche para producir quesos o los minerales en la industria siderurgia, la tendencia es localizar el proyecto cerca de las fuentes de aprovisionamiento de materias primas.

c) **Disponibilidad y costo de mano de obra**

Cuando la tecnología que se emplea es intensiva en mano de obra, la cercanía del mercado laboral se convierte en un factor predominante en la elección de la ubicación.

d) **Disponibilidad de servicios públicos**

La disponibilidad de energía eléctrica, agua, alcantarillado, gas y teléfono en muchos casos son factores determinantes en la localización del proyecto.

e) **Existencia de vías de comunicación y medios de transporte**

Se debe estudiar las distancias y los costos de transporte, el acceso en cuanto a tiempo y demoras, a la cantidad de maniobras necesarias para llegar a destino, a la congestión del trafico vehicular o al paso por calles céntricas de una ciudad.

f) **Tecnología del proceso productivo**

La tecnología del proceso de producción puede convertirse en un factor importante, si se requiere algún insumo en abundancia y a bajo costo, tal como el agua en una planta de bebidas gaseosas.

g) **Costo y disponibilidad de terrenos**

En algunos proyectos el costo o la disponibilidad de terrenos puede ser un factor determinante para su localización.

h) **Topografía y calidad de suelos**

i) **Condiciones climatológicas**

j) **Posibilidad de eliminación de desechos**

k) **Factores ambientales**

Método de evaluación por puntos

El método de evaluación por puntos consiste en definir los principales factores que influyen en la localización de un proyecto, asignándoles porcentajes de acuerdo con la importancia que se le atribuye, cuya suma sea igual al 100%, asignación que se efectúa de acuerdo al criterio del evaluador.

Posteriormente se procede a asignar una calificación a cada factor de acuerdo con una escala predeterminada como de 0 a 10, que multiplicado por el porcentaje de importancia se obtiene una calificación ponderada.

Se seleccionará la localización que obtenga la mayor calificación ponderada.

En el ejemplo 3.1 se ilustra la elección de un lugar por el método de evaluación por puntos.

Ejemplo 3.1. Evaluación de la localización por puntos

EVALUACIÓN DE LA LOCALIZACIÓN DEL PROYECTO

Factores	Peso	Zona A		Zona B		Zona C	
		Calificación	Ponderación	Calificación	Ponderación	Calificación	Ponderación
Cercania materia prima	40%	7	2,80	8	3,20	5	2,00
Cercania mercado	25%	6	1,50	5	1,25	7	1,75
Disponibilidad de servicios	20%	4	0,80	6	1,20	7	1,40
Clima	10%	8	0,80	7	0,70	5	0,50
Mano de obra disponible	5%	5	0,25	6	0,30	8	0,40
TOTALES	**100%**		**6,15**		**6,65**		**6,05**

Se elegirá la localización B por tener el mayor puntaje ponderado.

En esta parte del estudio se debe especificar los factores que se han tomado en cuenta para decidir la localización del proyecto, describiendo las características geográficas y climatológicas de la región (altitud, clima, temperatura, precipitación pluvial), aspectos demográficos, infraestructura vial y disponibilidad de servicios básicos.

Se debe incluir un croquis de ubicación del proyecto, indicando el departamento, provincia, zona y calles.

Preguntas y problemas

1. Indique cuales son los factores que determinan el tamaño de un proyecto.

2. Indique cuales son los factores que influyen en la localización de un proyecto.

3. Indique en que consiste el método de evaluación por puntos.

4 Ingeniería del proyecto

En este capítulo veremos los aspectos técnicos que se debe considerar en la preparación y evaluación de proyectos, expondremos un marco de referencia general, ya que cada proyecto tiene sus particularidades técnicas.

4.1. Objetivos de la ingeniería del proyecto

El objetivo de la ingeniería del proyecto es estudiar todo lo concerniente a la instalación y el funcionamiento de la planta industrial, desde la descripción del proceso de producción, requerimiento de edificaciones, construcciones, maquinaria, equipo, materia prima e insumos, hasta la distribución óptima de la planta.

La ingeniería del proyecto es un estudio de carácter técnico, en la que se debe seleccionar una determinada tecnología de fabricación y determinar el proceso productivo óptimo para la producción del producto o servicio, utilizando eficientemente los recursos disponibles.

4.2. Proceso de producción

El proceso de producción es el procedimiento técnico que se empleará en el proyecto para obtener los productos y servicios.

En esta parte del estudio se selecciona la tecnología de producción, que es el conjunto de conocimientos técnicos, maquinaria, equipo y procesos que se emplearán en el proceso de producción.

El estudio debe determinar la intensidad con que se utilizarán los factores de producción, esto definirá el grado de automatización del proceso, el monto de las inversiones y su estructura de costos. Aquellas formas de producción intensivas en capital requerirán de una mayor inversión, pero de menores costos de operación por concepto de mano de obra.

En esta parte del estudio se debe efectuar una descripción detallada del proceso de producción.

4.3. Técnicas de análisis de procesos de producción

Para representar y analizar el proceso de producción existen varios métodos, los más utilizados son el diagrama de bloques y el diagrama de flujo de proceso.

Diagrama de bloques

En el diagrama de bloques cada operación se encierra en un rectángulo o bloque, cada rectángulo se une con el anterior y el posterior por medio de flechas que indican tanto la secuencia de las operaciones como la dirección del flujo. Si es necesario se puede agregar ramales al flujo principal del proceso. En los rectángulos se anota la operación y se puede complementar la información con tiempos.

Diagrama de flujo de proceso

En el diagrama de flujo de proceso se utiliza una simbología internacional para representar las operaciones. Esta simbología es la siguiente:

Operación. Significa que se efectúa un cambio o transformación en algún componente del producto, ya sea por medios físicos, mecánicos o químicos, o una combinación de estos.

Transporte. Representa la acción de movilizar de un lugar a otro algún elemento en una determinada operación o hacia algún punto de almacenamiento o demora.

Demora. Significa que se tiene que esperar turno para efectuar la actividad correspondiente.

Almacenamiento. Se refiere al almacenaje de la materia prima, del producto en proceso o del producto terminado

Inspección. Es la acción de controlar que se efectúe correctamente una operación, un transporte o verificar la calidad del producto.

Operación combinada. Significa que se efectúan simultáneamente operación e inspección.

Reglas para su aplicación:

• Empezar en la parte superior de la hoja, continuar hacia abajo, a la derecha o en ambas direcciones.

• Numerar cada una de las acciones.

• Introducir ramales secundarios al flujo principal por la izquierda de éste.

• Poner el nombre de la actividad a cada acción.

En la figura 4.1 se ilustra un diagrama de flujo de proceso.

Figura 4.1. **Diagrama de flujo de proceso**

Diagrama de flujo de proceso de elaboración de leche saborizada

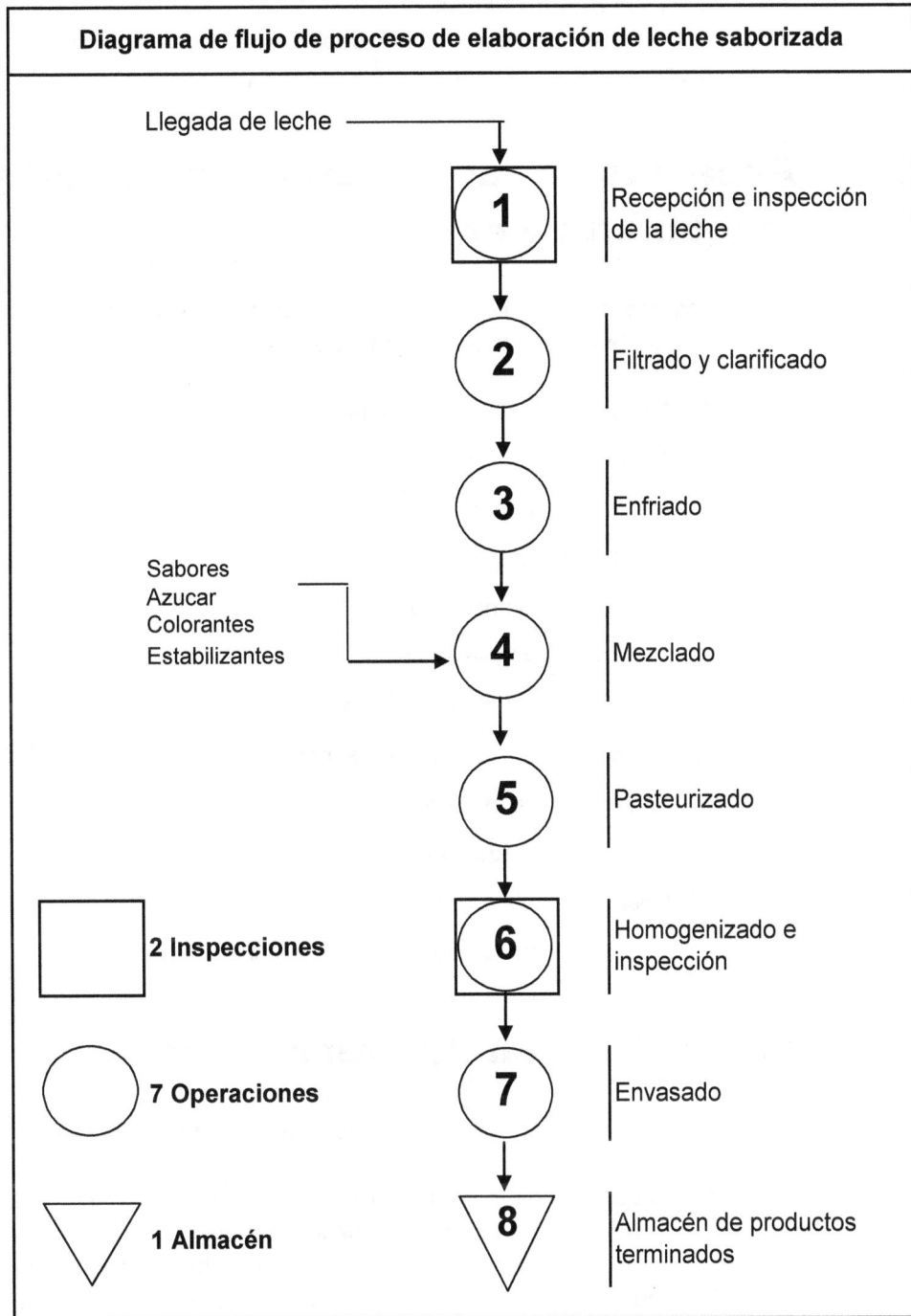

Llegada de leche

1 — Recepción e inspección de la leche

2 — Filtrado y clarificado

3 — Enfriado

Sabores
Azucar
Colorantes
Estabilizantes

4 — Mezclado

5 — Pasteurizado

6 — Homogenizado e inspección

7 — Envasado

8 — Almacén de productos terminados

2 Inspecciones

7 Operaciones

1 Almacén

4.4. Distribución de la planta (Lay out)

Una distribución de planta es un diseño técnico de la forma como estará distribuida la maquinaria y equipo en el espacio físico, considerando el manejo de la materia prima, insumos y el movimiento o desplazamiento de los trabajadores, de la forma más eficiente y económica posible.

Una distribución de planta debe tener una visión de conjunto, tratando de reducir en lo posible el manejo de materiales y manteniendo condiciones óptimas de seguridad y bienestar para los trabajadores.

La distribución de planta depende del tipo de producto, el tipo de proceso de producción y el volumen de producción.

4.5.   Aspectos a considerar en la adquisición de maquinaria y equipo

Los aspectos básicos que se deben considerar en la adquisición de la maquinaria y equipo de un proyecto son las siguientes:

1. Marca y procedencia de la maquinaria

2. Capacidad de producción

3. Dimensiones de la maquinaria

4. Flexibilidad de la maquinaria

5. Mano de obra necesaria para su manejo

6. Costo de mantenimiento

7. Consumo de energía eléctrica

8. Equipos auxiliares necesarios, como aire a presión, agua fría o caliente

9. Infraestructura especial requerida

10. Precio de la maquinaria

11. Costo de los fletes y seguros

12. Costo de instalación y puesta en marcha

4.6.   Determinación de áreas de construcción

Las principales construcciones que se deben considerar son las siguientes:

1. **Recepción de la materia prima e insumos y embarque del producto terminado**
    El área de esta sección depende de la frecuencia de la recepción de la materia prima y de la frecuencia del embarque de los productos terminados. Dependerá del tipo de material, es decir si son granos, líquidos, metales o material voluminoso. Deberá también considerarse si se efectuará el pesaje de la materia prima en la empresa o si esta función será externa.

2. **Almacenes**
    Deben existir almacenes de materia prima, productos en proceso y productos terminados. Para calcular al área del almacén de materia prima se puede usar el modelo de la cantidad económica de la orden, que es una técnica para la administración de inventarios. El lote económico es la cantidad que debe adquirirse cada vez que se compra materia prima. Este modelo se expone en la siguiente sección.

El cálculo el área del almacén de productos terminados se debe realizar en coordinación con el departamento de ventas, dependerá del numero de turnos de trabajo al día y la frecuencia de los despachos.

3. **Área de producción**
   El área de producción depende de la cantidad de máquinas que se necesitarán, de las dimensiones de las maquinas y del número de trabajadores.

4. **Área de control de calidad**
   El área destinada al control de calidad dependerá del tipo de control y de la cantidad de pruebas que se van a efectuar.

5. **Área de equipos especiales**
   Proyectos que requieran calderos, compresores de aire o de agua fría, deben ser localizados en lugares especiales. El área de esta sección dependerá del número y tipo de equipo, considerando los espacios necesarios para maniobras y mantenimiento.

6. **Área de desechos**
   Proyectos que generen desechos deberán prever un área suficiente para su acumulación.

7. **Oficinas administrativas y de ventas**
   El área destinada a la administración y ventas dependerá de la estructura administrativa del proyecto y si existirá servicio de atención a clientes y proveedores.

8. **Baños y vestuarios**
   El área de baños es imprescindible y un área de vestuarios dependerá del tipo de trabajo que realizarán los empleados.

4.7.   Planeación de requerimiento de inventarios

Existen dos tipos de costos relacionados con los inventarios, los costos de mantenimiento y los costos de faltantes.

Los costos de mantenimiento representan los costos directos y de oportunidad que resultan del hecho de mantener inventarios, e incluye:

a) Los costos de almacenamiento.

b) Los seguros.

c) Las pérdidas ocasionadas por mermas, obsolescencia, deterioros y robos.

d) El costo de oportunidad del capital sobre el monto invertido en inventarios.

Los costos de faltantes están relacionados con inventarios insuficientes y esta conformado por los costos de reabastecimiento y los costos de las reservas por seguridad. Los costos de reabastecimiento son los costos de colocar una orden con los proveedores o los costos en los que se incurre en una orden de producción. Los costos de las reservas de seguridad están relacionadas con pérdidas de oportunidad tales como las ventas pérdidas por tener inventarios insuficientes.

Los costos de mantenimiento aumentan con los niveles del inventario, mientras que los costos de faltantes tienen un comportamiento inverso. La meta de la administración de inventarios es minimizar estos dos costos.

Las técnicas de administración de inventarios han sido concebidas para minimizar costos. En este apartado veremos el modelo de la cantidad económica de la orden.

Modelo de la cantidad económica de la orden

El modelo de la cantidad económica de la orden (CEO) permite establecer un nivel óptimo para el inventario. En la figura 4.2. se representa gráficamente este modelo, donde se relaciona los costos de mantenimiento del inventario con los niveles de inventarios.

Figura 4.2.   **Modelo de la cantidad económica de orden**

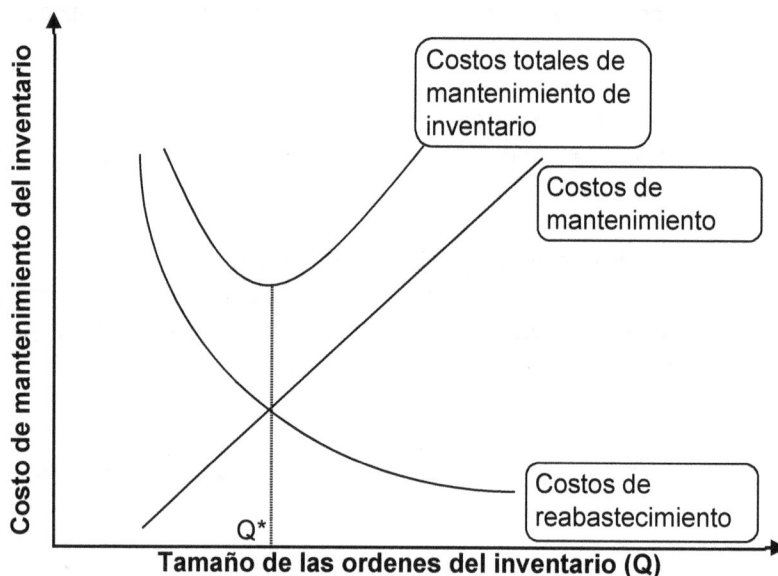

Q* Tamaño óptimo de la orden del inventario

En la figura 4.2 se puede observar que los costos de mantenimiento aumentan y los costos de reabastecimiento disminuyen a medida que aumentan los niveles de inventario. Los costos totales es la suma de los costos de mantenimiento y los costos de reabastecimiento.

El modelo de la cantidad económica de la orden trata de localizar el punto mínimo de los costos totales y determinar la cantidad óptima (Q*) que debería tener la empresa en cualquier momento, es decir el tamaño de la orden que debería emitir una empresa para reabastecer su inventario.

El modelo CEO supone que el inventario se agota a una tasa uniforme hasta llegar a un nivel de cero. Cuando llega a este punto la empresa reabastece nuevamente su inventario hasta alcanzar al nivel óptimo inicial.

Para ilustrar este modelo vamos a suponer que una empresa comienza sus operaciones con 10.000 unidades en el inventario. Las ventas son de 2.500 unidades por semana, de manera que al término de cuatro semanas todo el inventario se habrá agotado y la empresa deberá reabastecerse ordenando otras 10.000 unidades y así sucesivamente. Este proceso de venta y reabastecimiento se ilustra en la figura 4.3.

Figura 4.3. **Venta y reabastecimiento de inventarios**

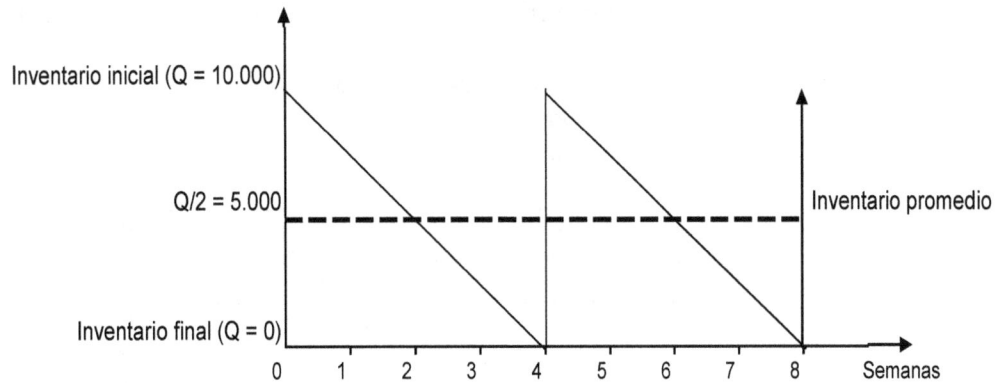

Costos de mantenimiento

Los costos de mantenimiento normalmente son directamente proporcionales a los niveles de inventario.

Si representamos con **Q** la cantidad de inventario que una empresa ordena cada vez (cantidad de reabastecimiento), con **Q/2** el inventario promedio y con **CM** el costo de mantenimiento anual por unidad, el costo de mantenimiento por año será:

Costo de mantenimiento = Inventario promedio x Costos de mantenimiento por unidad

Costos de mantenimiento = (Q / 2) x CM

En el ejemplo anterior, si los costos de mantenimiento por unidad fueran de US$ 0,65 anuales, los costos de mantenimiento serán US$ 5.000 x 0,65 = US$ 3.250.

Costos de reabastecimiento

Los costos de reabastecimiento normalmente son fijos.

Si representamos con **T** el volumen de ventas anual en unidades, con **Q** la cantidad de reabastecimiento, con **T/Q** el número de órdenes al año, con **F** el costo fijo por orden, el costo de reabastecimiento por año será:

Costo de reabastecimiento = Costo fijo por orden x Número de ordenes

Costo de reabastecimiento = F x (T / Q)

En el ejemplo que planteamos, las ventas anuales son de 130.000 unidades, que se obtiene multiplicando las ventas semanales de 2.500 unidades por 52 semanas al año. Como el tamaño de la orden es de 10.000 unidades, la empresa coloca un total de 130.000 / 10.000 = 13 ordenes al año. Si el costo por orden es de US$ 90, el costo de reabastecimiento será US$ 90 x 13 = US$ 1.170 por año.

Costos totales

Los costos totales del inventario son la suma del costo de mantenimiento y el costo de reabastecimiento.

Costos totales = costos de mantenimiento + Costos de reabastecimiento

Costos totales = (Q/2 x CM) + (F x T/Q)

El objetivo es encontrar el valor de Q (Cantidad de reabastecimiento) que minimice este costo. Para determinar este valor se calcula los costos totales para diferentes valores de Q. Para el ejemplo que tratamos el cálculo sería el siguiente:

CM = US$ 0,65 por unidad por año
F   = US$ 90 por orden
T   = 130.000 unidades

Cantidad de reabastecimiento Q	Costos de mantenimiento Q/2 x CM	Costos de reabastecimiento F x T/Q	Costo total
2.000	650	5.850	6.500
4.000	1.300	2.925	4.225
6.000	1.950	1.950	3.900
8.000	2.600	1.463	4.063
10.000	3.250	1.170	4.420
12.000	3.900	975	4.875

La cantidad que minimiza la orden es 6.000 unidades.

La representación gráfica de estos valores se muestra en la figura 4.4, donde se puede observar que el nivel mínimo ocurre donde se cruzan las curvas del costo de mantenimiento y el costo de reabastecimiento, es decir cuando estos costos son iguales.

Figura 4.4. **Costos del inventario**

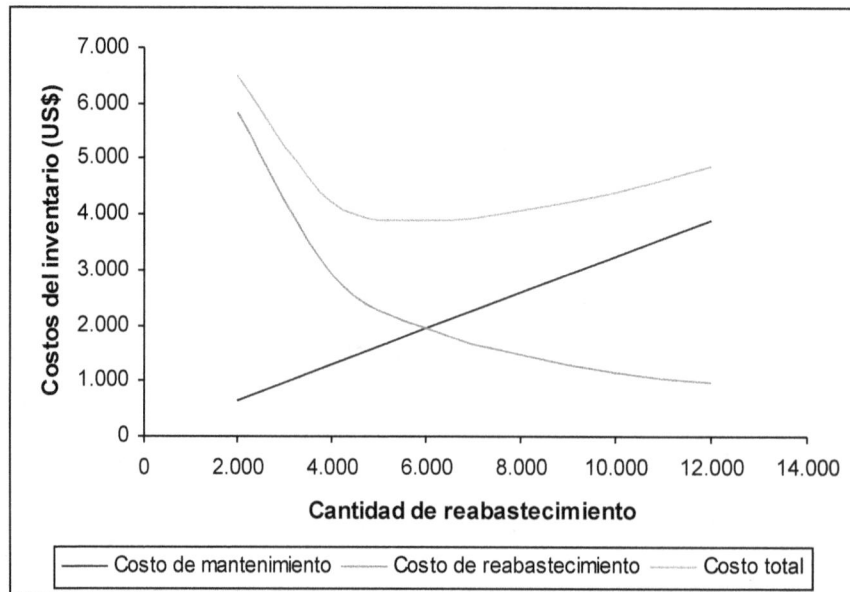

Podemos encontrar el punto mínimo si igualamos estos costos y despejamos Q.

Costos de mantenimiento = Costos de reabastecimiento

$$\frac{Q^*}{2} \times CM = F \times \frac{T}{Q^*}$$

$$\frac{Q^{*2}}{2} \times CM = F \times T$$

$$Q^{*2} = \frac{2\,T \times F}{CM}$$

$$Q^* = \sqrt{\frac{2\,T \times F}{CM}}$$

Esta cantidad óptima que minimiza el costo del inventario se denomina cantidad económica de la orden (CEO).

En el ejemplo que analizamos, la cantidad económica de la orden y los costos de mantenimiento y de reabastecimiento son:

$$Q^* = \sqrt{\frac{2\,T \times F}{CM}} = \sqrt{\frac{2 \times 130.000 \times 90}{0{,}65}}$$

$$Q^* = 6.000 \text{ unidades}$$

$$\text{Costo mantenimiento} = \frac{Q}{2} \times CM = \frac{6.000}{2} \times 0{,}65 = 1.950$$

$$\text{Costo de reabastecimiento} = F \times \frac{T}{Q} = 90 \times \frac{130.000}{6.000} = 1.950$$

Ejemplo 4.1. Cantidad económica de la orden

Tahí S.A. empieza cada período con 1.000 unidades en inventarios, que se agota y es reordenado cada período. La empresa vende 5.000 unidades al año.
El costo de mantenimiento por unidad es de US$ 0,50 por año.
Los costos de reabastecimiento son de US$ 30 por orden.
Determinar:
a) El costo de mantenimiento, el costo de reabastecimiento y el costo total actual del inventario.
b) El tamaño de las órdenes que debería colocar para minimizar costos y sus correspondientes costos de mantenimiento, costos de reabastecimiento y costos totales.

Datos:

Q = 1.000

T = 5.000

F = 30

CM = 0,50

Los costos actuales del inventario son:

$$\text{Inventario promedio} = \frac{Q}{2} = \frac{1.000}{2} = 500$$

Costo de mantenimiento = $\dfrac{Q}{2}$ x   CM $= \dfrac{1.000}{2}$ x   0,50 = 250

Costo de reabastecimiento =   F x $\dfrac{T}{Q}$ =   30 x $\dfrac{5.000}{1.000}$ = 150

Costo total actual =   250 + 150 = 400

La cantidad óptima de inventario y los costos respectivos debería ser:

CEO $= \sqrt{\dfrac{2\,T\,x\,F}{CM}} = \sqrt{\dfrac{2\,x\,5.000\,x\,30}{0,5}}$ = 774,60 unidades

Costo de mantenimiento = $\dfrac{Q}{2}$ x   CM $= \dfrac{774,60}{2}$ x 0,50 = 193,65

Costo de reabastecimiento =   F x $\dfrac{T}{Q}$ =   30 x $\dfrac{5.000}{774,60}$ = 193,65

Costo total =   193,65 + 193,65 = 387,30

Hasta ahora hemos supuesto que una empresa espera que su inventario se agote por completo para reordenar las mercancías. En realidad, las empresas deben reordenar antes de que el inventario llegue a un nivel de cero por dos motivos:

1. Al tener un inventario mínimo, la empresa evita el riesgo de quedarse sin mercadería y pérdidas de ventas y clientes.

2. Cuando se reordena mercancías, se requiere de cierto tiempo para que lleguen a los almacenes de la empresa.

El modelo de la cantidad económica de la orden considera esta situación, incorporando los conceptos de inventarios de seguridad y puntos de reorden.

El inventario de seguridad es el inventario mínimo que debe tener una empresa para evitar pérdidas de ventas y clientes. Cuando los inventarios llegan a este nivel se reordena mercadería. Esta situación se representa gráficamente en la parte superior de la figura 4.5.

Una empresa debe considerar el plazo de entrega de la mercancía, colocando órdenes con anticipación. Los puntos de reorden son los momentos en que se hacen los pedidos de la mercancía. Esta situación se representa gráficamente en la parte media de la figura 4.5.

La ampliación del modelo de la cantidad económica de la orden incluye los inventarios de seguridad y los puntos de reorden, situación se grafica en la parte inferior de la figura 4.5, donde se considera un margen de seguridad en el inventario y las ordenes se colocan en forma anticipada.

Figura 4.5. **Inventarios de seguridad y puntos de reorden**

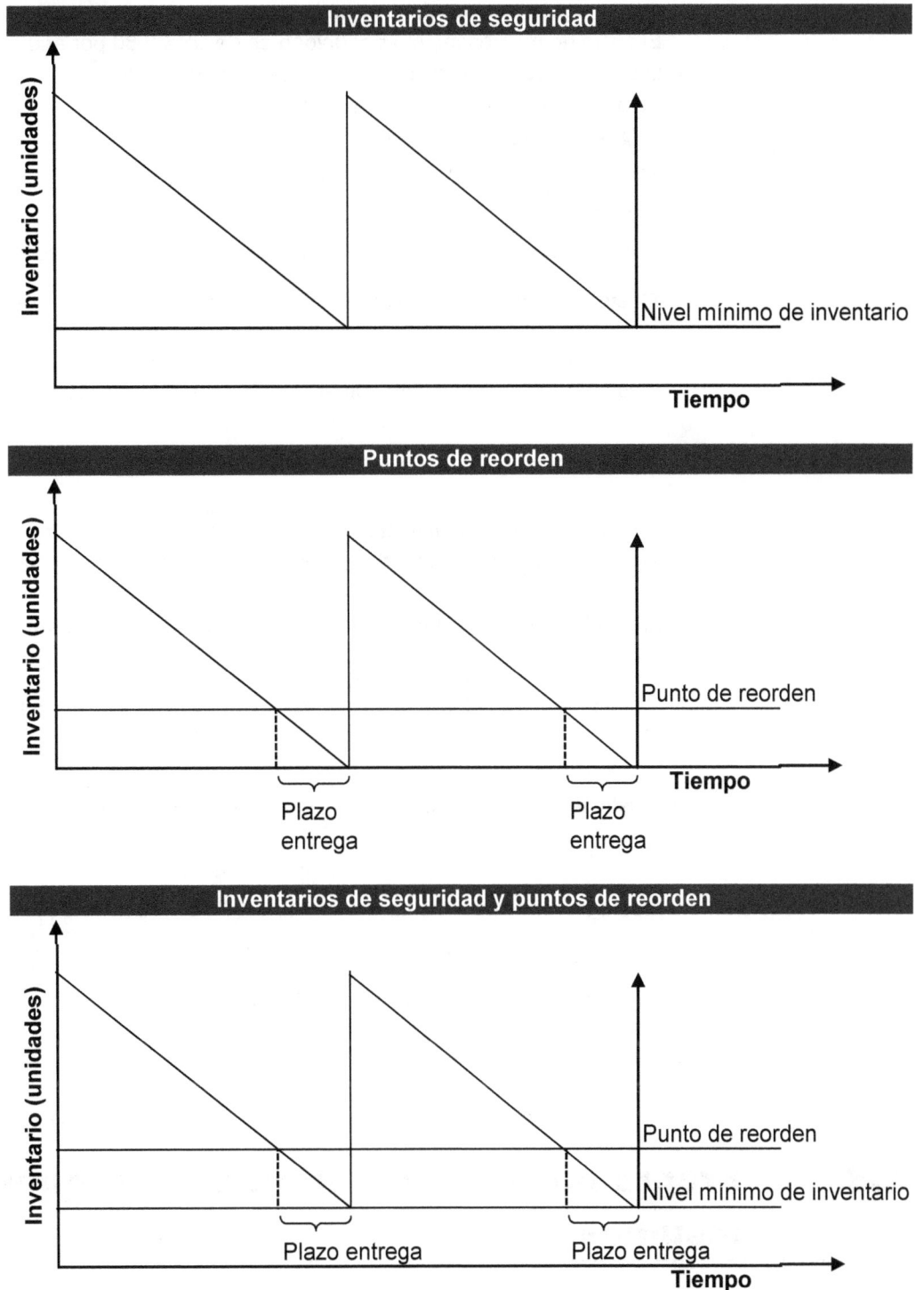

Inventarios de seguridad

Inventario (unidades)

Nivel mínimo de inventario

Tiempo

Puntos de reorden

Inventario (unidades)

Punto de reorden

Tiempo

Plazo entrega

Plazo entrega

Inventarios de seguridad y puntos de reorden

Inventario (unidades)

Punto de reorden

Nivel mínimo de inventario

Plazo entrega

Plazo entrega

Tiempo

Ejemplo 4.2. **Cantidad económica de la orden**

La empresa Weiss Industries empieza cada mes con 6.000 unidades en su inventario, que se agota y es reordenado cada mes.

El costo de mantenimiento por unidad es de US$ 0,80 por año.

Los costos de reabastecimiento son de US$ 10 por orden.

Establecer si esta política es apropiada.

Q = 6.000 unidades/mes

CM = US$ 0,80

F = US$ 10.-

T = 6.000 unidades/mes x 12 meses/año = 72.000 unidades/año

$$\text{Costo de mantenimiento actual} = \frac{Q}{2} \times CM = \frac{6.000}{2} \times 0,80 = 2.400$$

$$\text{Costo de reabastecimiento actual} = F \times \frac{T}{Q} = 10 \times \frac{72.000}{6.000} = 120$$

Costo total actual = 2.400 + 120 = 2.520

Los costos de mantenimiento son mayores a los costos de reabastecimiento, lo que indica que la empresa mantiene cantidad excesiva de inventarios.

El nivel óptimo de inventarios y los costos respectivos serían los siguientes:

$$CEO = \sqrt{\frac{2\,T \times F}{CM}} = \sqrt{\frac{2 \times 72.000 \times 10}{0,80}} = 1.341,64 \text{ unidades}$$

$$\text{Costo de mantenimiento} = \frac{Q}{2} \times CM = \frac{1.341,64}{2} \times 0,80 = 536,66$$

$$\text{Costo de reabastecimiento} = F \times \frac{T}{Q} = 10 \times \frac{72.000}{1.341,64} = 536,66$$

Costo total = 536,66 + 536,66 = 1.073,32

4.8.   Programa de producción y requerimiento de insumos

El estudio tiene que contemplar un programa de producción, donde se especifique la cantidad de productos a producirse durante el horizonte del proyecto, considerando la capacidad instalada, la demanda del producto en el mercado y la estrategia comercial.

En el cuadro 4.1 se ilustra el formato de un programa de producción para un proyecto que fabrica un solo producto.

Cuadro 4.1. **Programa de producción**

PROGRAMA DE PRODUCCIÓN

Año	Porcentaje utilización capacidad instalada	Volumen de producción (unidades)
1	70%	4.200
2	80%	4.800
3	90%	5.400
4	100%	6.000
5	100%	6.000

En base al programa de producción se debe cuantificar el requerimiento de materia prima, mano de obra, energía eléctrica, combustibles, lubricantes y todo insumo necesario para la fabricación de los volúmenes de producción proyectados.

Muchos proyectos tienen una dependencia extrema de la calidad, cantidad, oportunidad de la entrega y costo de los materiales. Debe estudiarse los costos, condiciones de compra, sustitutos, perecebilidad, necesidad de infraestructura especial para su almacenaje y disponibilidad de insumos.

Preguntas y problemas

1. Indique cuales son los objetivos de la ingeniería del proyecto.

2. Indique la simbología que se utiliza en un diagrama de flujo de proceso.

3. Indique los aspectos que se debe considerar en la adquisición de maquinaria y equipo.

4. La empresa Tao S.A. empieza cada semana con un inventario de 400 unidades, que se agota y es reordenado cada semana. El costo de mantenimiento por unidad es de US$ 25 por año y el costo de reabastecimiento de US$ 40 por orden. Determinar el costo de manteniendo, el costo de reabastecimiento y el costo total actual del inventario. Determinar el tamaño de las órdenes que debería colocar para minimizar costos y sus correspondientes costos.

5 Inversiones y financiamiento

En este capítulo veremos como se clasifican las inversiones, que partidas las componen, como se determina el capital de trabajo de un proyecto, como se elabora un plan de inversiones, un cronograma de inversiones, una estructura del financiamiento y finalmente veremos las distintas fuentes de financiamiento.

5.1. Clasificación de las inversiones

Las inversiones de un proyecto se clasifican en inversiones fijas, inversiones intangibles y capital de trabajo.

Inversiones fijas

Las inversiones fijas son todos aquellos activos que tienen una vida útil superior a un año, que se utilizarán en el proceso de producción o que servirán de apoyo a la operación normal del proyecto.

Constituyen inversiones fijas los terrenos, edificaciones y construcciones (planta industrial, almacenes, salas de ventas, oficinas administrativas), instalaciones industriales, maquinaria, equipo, herramientas, vehículos, muebles, enseres e infraestructura de servicios (agua potable, red eléctrica, desagües).

Las inversiones fijas a excepción de los terrenos están sujetas a depreciación, la cual afecta a los resultados del proyecto ya que tiene efecto sobre el cálculo del impuesto a las utilidades.

Inversiones intangibles

Las inversiones intangibles son todos aquellos gastos anticipados y gastos diferidos a realizarse, previos a la puesta en marcha del proyecto.

Las inversiones intangibles son amortizables en un plazo máximo de cinco años y, al igual que la depreciación, se incluyen en el estado de resultados.

Constituyen inversiones intangibles los gastos de organización, las patentes y licencias, los gastos de puesta en marcha y la capacitación del personal.

Los gastos de organización se refieren a todos los desembolsos originados en la organización e instalación del proyecto, que incluyen el diseño de sistemas y procedimientos administrativos, gastos legales para la constitución jurídica de la empresa, sistemas de información y otros.

Los gastos en patentes y licencias se refieren al pago por el derecho o uso de una marca o fórmula, a los permisos municipales y licencias para el funcionamiento del proyecto.

Los gastos de puesta en marcha son todos aquellos gastos que deben realizarse previo al funcionamiento del proyecto. En esta partida se incluyen los alquileres, publicidad, seguros y cualquier otro gasto que se realice antes de la operación del proyecto.

Los gastos de capacitación corresponden a gastos de instrucción, adiestramiento y preparación del personal.

En muchos proyectos se considera una partida especial de "imprevistos" para cubrir inversiones no consideradas en el estudio y para posibles contingencias. El importe se calcula como un porcentaje del total de inversiones.

En general, sólo se deben incluir como inversiones aquellas partidas en las que se incurrirán si de decide llevar a cabo el proyecto. El costo del estudio del proyecto, por ejemplo, no debe considerarse dentro las inversiones por cuanto es un costo que se debe incurrir se lleve a cabo o no el proyecto.

Capital de trabajo

El capital de trabajo es el activo circulante que requiere una empresa para funcionar, para llevar a cabo sus actividades de producción y venta.

5.2. Determinación del capital de trabajo

El capital de trabajo de una empresa debe permitir la adquisición de la materia prima e insumos, el pago de la mano de obra directa, los gastos indirectos de fabricación y los gastos de administración y comercialización, hasta que se venda el producto y se perciba el producto de la venta, el cual debe estar disponible para el siguiente ciclo operativo.

El capital de trabajo inicial puede verse aumentado o rebajado si se proyectan cambios en los niveles de ventas.

Para determinar el capital de trabajo de una empresa se debe considerar su ciclo operativo y su ciclo del efectivo.

El ciclo operativo es el período (en días) que transcurre desde que se compra la materia prima, se produce, se almacena, se vende y se cobra al cliente, es decir es la suma del período de la materia prima, el período de los productos en proceso, el período del producto terminado y el período de cobro.

CICLO OPERATIVO = | Numero de dias de la materia prima en almacen | + | Numero de dias de los productos en proceso | + | Numero de dias del producto terminado en almacenes | + | Numero de dias de venta a crédito del producto |

CICLO OPERATIVO = | Periodo materia prima | + | Periodo productos en proceso | + | Periodo productos terminados | + | Periodo de cobro |

Si se trata de una empresa comercial, al no existir producción el ciclo operativo es igual al periodo del inventario más el período de cobro.

Ciclo operativo = Período del inventario + Periodo de cobro

El ciclo de efectivo es el plazo desde que se paga los inventarios hasta que se cobra al cliente, es decir es el intervalo en el cual la empresa solo invierte fondos en la compra de inventarios, sueldos, otros gastos hasta que recupera los fondos con los pagos del cliente por la venta a crédito.

El ciclo de efectivo se calcula por diferencia entre el ciclo operativo y el período de pago a proveedores.

Ciclo de efectivo = Ciclo operativo – Periodo de pago

El ciclo operativo y el ciclo de efectivo pueden aumentar o disminuir si se modifica el período del inventario, el período de cobro o el período de pago.

La representación gráfica del ciclo operativo y ciclo operativo de una empresa industrial se indica en la figura 5.1.

Figura 5.1. ## Ciclo operativo y ciclo de efectivo de una empresa industrial

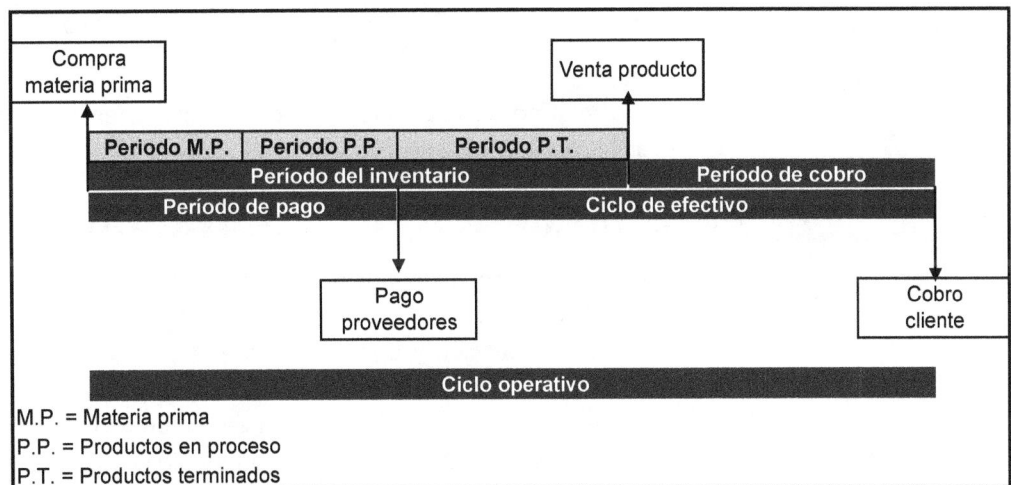

M.P. = Materia prima
P.P. = Productos en proceso
P.T. = Productos terminados

Ejemplo 5.1. ## Determinación del ciclo operativo y el ciclo de efectivo

Determinar el ciclo operativo y el ciclo de efectivo de la empresa Brink S.A. en base a la siguiente información:

Numero de días de las materias primas en almacén:	18
Numero de días que dura la producción	20
Numero de días de los productos terminados en almacén	30
Numero de días de venta a crédito	45
Plazo pago a proveedores	15

Ciclo operativo = 18 + 20 + 30 + 45 = 113 días

Ciclo de efectivo = 113 – 15 = 98 días

Los principales métodos para calcular el requerimiento de capital de trabajo son los siguientes:

- Método del ciclo de efectivo

- Método de razones financieras
- Método de razones financieras desagregado
- Método del déficit acumulado

Método del ciclo de efectivo

Este método consiste en determinar la cuantía de los costos de producción y gastos de operación que deben cubrir una empresa desde el momento en que se efectúa el primer pago por la adquisición de la materia prima hasta el momento en que se recauda el ingreso por la venta de los productos.

Este método establece que el capital de trabajo se determina dividiendo el costo total anual entre 365 días, obteniendo un costo diario que se multiplica por el ciclo de efectivo.

$$\text{Capital de trabajo} = \frac{\text{Costo total anual}}{365} \times \text{Ciclo de efectivo}$$

En el costo total no se debe incluir la depreciación, amortización de intangibles ni el costo financiero.

Ejemplo 5.2. **Determinación del capital de trabajo**

Determinar el monto del capital de trabajo por el método del ciclo de efectivo, en base a la siguiente información:
- El costo de producción y operación anual de un producto asciende a US$ 24.000. (no incluye depreciación, amortización de activos intangibles ni intereses).
- La materia prima e insumos se mantienen por un tiempo promedio de 7 días.
- El producto se produce en un periodo promedio de 10 días.
- El producto final se almacena durante 8 días.
- El producto se comercializa en un periodo de 7 días.
- El producto se vende a un plazo promedio de 30 días.
- Los proveedores de la materia prima otorgan crédito por 10 días.

Ciclo de efectivo = 7 + 10 + 8 + 7 + 30 - 10 = 52 días

$$\text{Capital de trabajo} = \frac{24.000}{365} \times 52 = 3.419,18$$

Método de razones financieras

Este método consiste en cuantificar la inversión para cada uno de los rubros del activo circulante, considerando que estos pueden financiarse por pasivos a corto plazo a través de crédito de proveedores, es decir se cuantifica el saldo mínimo de efectivo, el nivel de cuentas por cobrar, el nivel de inventarios y los niveles esperados de deudas con proveedores.

Para determinar el importe de las cuentas por cobrar, inventarios y cuentas por pagar se considera el periodo de cobro, el periodo del inventario y el periodo de pago a proveedores, utilizando las siguientes formulas:

$$\text{Cuentas por cobrar} = \frac{\text{Ventas}}{365} \text{ x Periodo de cobro}$$

$$\text{Inventarios} = \frac{\text{Costo de ventas}}{365} \text{ x Periodo del inventario}$$

$$\text{Cuentas por pagar} = \frac{\text{Costo de ventas}}{365} \text{ x Periodo de pago}$$

Estas formulas se determinan en base a los indicadores de rotación de cuentas por cobrar, rotación de inventarios y rotación de cuentas por pagar, período de cobro, período del inventario y período de pago, según se demuestra a continuación.

$$\text{Rotación de cuentas por cobrar} = \frac{\text{Ventas}}{\text{Cuentas por cobrar}} \qquad (\,1\,)$$

$$\text{Cuentas por cobrar} = \frac{\text{Ventas}}{\text{Rotación de cuentas por cobrar}} \qquad (\,2\,)$$

$$\text{Periodo de cobro} = \frac{365}{\text{Rotación de cuentas por cobrar}} \qquad (\,3\,)$$

$$\text{Cuentas por cobrar} = \frac{\text{Ventas}}{365 \,/\, \text{Periodo de cobro}} \qquad (3)\text{ en }(2)$$

$$\boxed{\text{Cuentas por cobrar} = \frac{\text{Ventas}}{365} \text{ x Periodo de cobro}}$$

$$\text{Rotación de inventarios} = \frac{\text{Costo de ventas}}{\text{Inventarios}} \qquad (\,1\,)$$

$$\text{Inventarios} = \frac{\text{Costo de ventas}}{\text{Rotación de inventarios}} \qquad (\,2\,)$$

$$\text{Periodo del inventario} = \frac{365}{\text{Rotación de inventarios}} \qquad (\,3\,)$$

$$\text{Inventarios} = \frac{\text{Costo de ventas}}{365 \,/\, \text{Periodo del inventario}} \qquad (3)\text{ en }(2)$$

$$\boxed{\text{Inventarios} = \frac{\text{Costo de ventas}}{365} \text{ x Periodo del inventario}}$$

$$\text{Rotación de cuentas por pagar} = \frac{\text{Costo de ventas}}{\text{Cuentas por pagar}} \qquad (\,1\,)$$

$$\text{Cuentas por pagar} = \frac{\text{Costo de ventas}}{\text{Rotación de cuentas por pagar}} \qquad (\,2\,)$$

$$\text{Periodo de pago} = \frac{365}{\text{Rotación de cuentas por pagar}} \qquad (\,3\,)$$

$$\text{Cuentas por pagar} = \frac{\text{Costo de ventas}}{365 \,/\, \text{Periodo de pago}} \qquad (3)\text{ en }(2)$$

$$\boxed{\text{Cuentas por pagar} = \frac{\text{Costo de ventas}}{365} \text{ x Periodo de pago}}$$

Ejemplo 5.3.	**Determinación del capital de trabajo**

Se ha establecido los siguientes niveles de venta de un proyecto que se encuentra en estudio:

	Año 1	Año 2	Año 3
Ventas	10.000	12.000	15.000

El costo de ventas representa el 60% de las ventas.

Las ventas se realizarán a crédito a un plazo promedio de 90 días.

El periodo de pago a proveedores es de 60 días.

El periodo del inventario es de 45 días.

El requerimiento de efectivo para cubrir gastos generales y de administración es del 2% sobre ventas del periodo.

El capital de trabajo neto por el método de razones financieras sería el siguiente:

$$\text{Cuentas por cobrar} = \frac{\text{Ventas}}{365} \times 90$$

$$\text{Inventarios} = \frac{\text{Costo de ventas}}{365} \times 45$$

$$\text{Cuentas por pagar} = \frac{\text{Costo de ventas}}{365} \times 60$$

REQUERIMIENTO DE CAPITAL DE TRABAJO
En dólares americanos

	Año 1	Año 2	Año 3
Efectivo	200	240	300
Cuentas por cobrar	2.466	2.959	3.699
Inventarios	740	888	1.110
Cuentas por pagar	986	1.184	1.479
CAPITAL DE TRABAJO NETO	**2.419**	**2.903**	**3.629**

Método de razones financieras desagregado

Este método considera que el capital de trabajo esta en función de los periodos de la materia prima, productos en proceso, productos terminados, periodo de la venta a crédito a clientes, periodo de pago a proveedores y que la inversión en cada una de estas partidas va aumentando a medida que el proceso de producción y comercialización va avanzando, como se muestra la figura 5.2.

Este método consiste en cuantificar la inversión para cada uno de los rubros del activo circulante, desglosando los inventarios en materia prima, productos en proceso y productos terminados y considerando que estos pueden financiarse por pasivos a corto plazo a través de crédito de proveedores de la materia prima y de otros gastos, es decir se cuantifica el saldo mínimo de efectivo, el nivel de cuentas por cobrar, el nivel de inventarios de materia prima, productos en proceso, productos terminados y los niveles esperados de deudas con proveedores y otros acreedores.

Figura 5.2. # Ciclo operativo de una empresa industrial

INVENTARIO MATERIA PRIMA	INVENTARIO PROD. EN PROCESO	INVENTARIO PROD.TERMINADOS	CLIENTES
Costo materia prima	Costo materia prima + M.O.D. + G.I.F.	Costo materia prima + M.O.D. + G.I.F. + Gastos almacenaje	Costo materia prima + M.O.D. + G.I.F. + Gastos almacenaje + Gastos de venta
PLAZOS			

INVERSIÓN

MOD: Mano de obra directa
GIF: Gastos indirectos de fabricación

El monto de cada una de las partidas del activo circulante y el pasivo circulante se calcula de la siguiente manera:

PARTIDA	FORMULA
	Efectivo = Costo total anual x Requerimiento mínimo de efectivo

Inventario materia prima $= \dfrac{\text{Costo materia prima anual}}{365} \times$ Periodo de la materia prima

Inventario prod. en proceso $= \dfrac{\text{Costo producción anual}}{365} \times$ Periodo de productos en proceso

Inventario productos terminados $= \dfrac{\text{Costo producción anual}}{365} \times$ Periodo de productos terminados

Cuentas por cobrar $= \dfrac{\text{Ventas}}{365} \times$ Periodo de cobro

Cuentas por pagar materia prima $= \dfrac{\text{Costo materia prima anual}}{365} \times$ Periodo de pago a proveedores

Cuentas por pagar gastos $= \dfrac{\text{MOD + GIF + GADM + GCOM}}{365} \times$ Periodo de pago de gastos

MOD: Mano de obra directa   GADM: Gastos de administración
GIF: Gastos indirectos de fabricación   GCOM: Gastos de comercialización

El monto de capital de trabajo será igual al efectivo más el inventario de materia prima, inventario de productos en proceso, inventario de productos terminados, cuentas por cobrar, menos las cuentas por pagar de la materia prima y cuentas por pagar de otros gastos.

Ejemplo 5.4. **Determinación del capital de trabajo**

Calcular el capital de trabajo por el método de razones financieras desagregado, en base a la siguiente información de una empresa industrial:

- El costo de producción y operación anual (sin incluir depreciación ni intereses) asciende a US$ 200.000.
- Las ventas anuales ascienden a US$ 250.000.
- Periodo de la materia prima   10 días
- Periodo productos en proceso   20 días
- Periodo productos terminados   25 días
- Periodo de cobro a clientes   90 días
- Periodo de pago a proveedores   60 días
- Periodo promedio de pago sueldos y salarios, gastos indirectos de fabricación, gastos de administración y gastos de comercialización: 30 días
- La materia prima representa el 30% del costo de producción y operación anual.
- La mano de obra directa y gastos indirectos de fabricación representan el 50% del costo de producción y operación anual.
- Los gastos de administración y comercialización representan el 20% del costo de producción y operación anual.
- El requerimiento mínimo de efectivo es del 1% del costo de producción y operación anual.

Período de la materia prima (PMP):	10	Periodo de cobro (PC):	90
Período productos en proceso (PPP):	20	Periodo de pago materia prima (PP$_{MP}$):	60
Período productos terminados (PPT):	25	Periodo de pago gastos (PP$_G$):	30

REQUERIMIENTO DE CAPITAL DE TRABAJO NETO

PARTIDA	FORMULA	CALCULO		MONTO
Efectivo = Costo total anual x Requerimiento mínimo	=	200.000 x 0,01	=	2.000
Inventario materia prima = $\dfrac{\text{Costo materia prima anual}}{365}$ x PMP	=	$\dfrac{200.000 \times 0,30}{365}$ x 10 =		1.644
Inventario prod. en proceso = $\dfrac{\text{Costo producción anual}}{365}$ x PPP	=	$\dfrac{200.000 \times 0,80}{365}$ x 20 =		8.767
Inventario prod. terminados = $\dfrac{\text{Costo producción anual}}{365}$ x PPT	=	$\dfrac{200.000 \times 0,80}{365}$ x 25 =		10.959
Cuentas por cobrar = $\dfrac{\text{Ventas}}{365}$ x PC	=	$\dfrac{250.000}{365}$ x 90 =		61.644
Cuentas por pagar mat. prima = $\dfrac{\text{Costo materia prima anual}}{365}$ x PP$_{MP}$	=	$\dfrac{200.000 \times 0,30}{365}$ x 60 =		9.863
Cuentas por pagar gastos = $\dfrac{\text{MOD + GIF + GADM + GCOM}}{365}$ x PP$_G$	=	$\dfrac{200.000 \times 0,70}{365}$ x 30 =		11.507
CAPITAL DE TRABAJO NETO				**63.644**

Método del déficit acumulado

Este método consiste en calcular para cada mes, bimestre o trimestre los flujos de ingreso y egresos proyectados y determinar la cuantía del capital de trabajo como el equivalente al déficit acumulado máximo.

Ejemplo 5.5. **Determinación del capital de trabajo**

El flujo de efectivo proyectado por el primer año de operación de un proyecto en estudio es el siguiente:

FLUJO DE EFECTIVO PROYECTADO
En dólares americanos

	1	2	3	4	5	6	7	8	9	10	11	12
Ingresos	0	400	600	800	1.000	1.200	1.500	2.000	2.000	2.000	2.000	2.000
Egresos	320	480	640	800	960	1.200	1.600	1.600	1.600	1.600	1.600	1.600
Saldo	-320	-80	-40	0	40	0	-100	400	400	400	400	400
Saldo acumulado	-320	-400	-440	-440	-400	-400	-500	-100	300	700	1.100	1.500

El máximo déficit acumulado asciende a US$ 500, por lo que éste será la inversión que deberá efectuarse en capital de trabajo para financiar las operaciones del proyecto.

Ejemplo 5.6. **Determinación del capital de trabajo**

Determinar el capital de trabajo por el método del déficit acumulado de una empresa a constituirse, en base a la siguiente información:

PRONÓSTICO DE VENTAS
En dólares americanos

	1º TRIM.	2º TRIM.	3º TRIM.	4º TRIM.
Ventas	20.000	40.000	60.000	60.000

- Las ventas del quinto trimestre se estima en US$ 60.000.
- El período promedio de cobranza es de 60 días.
- Las compras de mercaderías en un trimestre son iguales a 75% de las ventas pronosticadas del siguiente trimestre.
- El período de pago a proveedores es de 36 días.
- Los sueldos, impuestos y otros gastos ascienden al 30% de las ventas del período.

Para elaborar el flujo de efectivo se debe calcular con carácter previo los ingresos y egresos en efectivo, elaborando los cuadros "Ingreso de efectivo por ventas" y "Egreso por pago a proveedores".

El cuadro de ingresos de efectivo por ventas considera el saldo inicial de cuentas por cobrar, las ventas del período, las cobranzas del período y el saldo final de cuentas por cobrar. El procedimiento de cálculo es el siguiente: Se consigna en principio el monto de las ventas proyectadas por período, para que en base al plazo promedio de ventas a crédito que se proyecta se determine el importe de las ventas que se cobrará en el período. En el presente caso como el periodo promedio de cobranza es de 60 días, la tercera parte de las ventas del período (30/90) se cobrará en este período y las dos terceras partes (60/90) se cobrará en el siguiente periodo, importe que se consigna como saldo final de cuentas por cobrar, que se constituirá en saldo inicial de cuentas por cobrar en el siguiente periodo. El ingreso de efectivo de cada período se determina sumando el saldo inicial de cuentas por cobrar del periodo y las cobranzas de las ventas del período, tal como se indica en el siguiente cuadro.

INGRESO DE EFECTIVO POR VENTAS
En dólares americanos

	1º TRIM.	2º TRIM.	3º TRIM.	4º TRIM.
Saldo inicial cuentas por cobrar	0	13.333	26.667	40.000
Ventas	20.000	40.000	60.000	60.000
Cobranza ventas del período	6.667	13.333	20.000	20.000
Saldo final cuentas por cobrar	13.333	26.667	40.000	40.000
INGRESO DE EFECTIVO POR VENTAS	**6.667**	**26.667**	**46.667**	**60.000**

El cuadro de egreso por pago a proveedores es similar al cuadro de ingreso de efectivo y el procedimiento de calculo es exactamente el mismo, con la diferencia de que en lugar de ventas se debe consignar las compras del periodo, en lugar de cuentas por cobrar se debe consigna cuentas por pagar y en lugar del periodo de cobro se debe utilizar el periodo de pago. En el presente caso como el periodo de pago a proveedores es de 36 días, el 60% de las compras (54/90) se pagará en el período y el 40% (36/90) se quedará como saldo final de cuentas por pagar que se cancelará en el siguiente periodo. Los cálculos respectivos se resumen en el siguiente cuadro:

EGRESO POR PAGO A PROVEEDORES
En dólares americanos

	1º TRIM.	2º TRIM.	3º TRIM.	4º TRIM.
Saldo inicial de cuentas por pagar	0	12.000	18.000	18.000
Compras	30.000	45.000	45.000	45.000
Cancelación compras del período	18.000	27.000	27.000	27.000
Saldo final cuentas por pagar	12.000	18.000	18.000	18.000
PAGO A PROVEEDORES	**18.000**	**39.000**	**45.000**	**45.000**

El flujo de efectivo proyectado se elabora en base a los dos cuadros anteriores, incluyendo los pagos por sueldos, impuestos y otros gastos, como se indica en el cuadro que se presenta a continuación. La diferencia entre los ingresos y egresos es el saldo de efectivo del periodo. El saldo acumulado es la suma de los saldos de efectivo de cada periodo.

FLUJO DE EFECTIVO PROYECTADO
En dólares americanos

	1º TRIM.	2º TRIM.	3º TRIM.	4º TRIM.
FLUJO DE INGRESO DE EFECTIVO				
Ingreso de efectivo por ventas	6.667	26.667	46.667	60.000
INGRESOS DE EFECTIVO	**6.667**	**26.667**	**46.667**	**60.000**
FLUJO DE SALIDA DE EFECTIVO				
Pago a proveedores	18.000	39.000	45.000	45.000
Sueldos, impuestos y otros gastos	6.000	12.000	18.000	18.000
EGRESOS DE EFECTIVO	**24.000**	**51.000**	**63.000**	**63.000**
SALDO	**-17.333**	**-24.333**	**-16.333**	**-3.000**
SALDO ACUMULADO	**-17.333**	**-41.667**	**-58.000**	**-61.000**

En el presente caso vemos que el flujo de efectivo proyectado arroja saldos acumulados negativos en cada periodo. El capital de trabajo neto requerido será el monto mayor del saldo negativo acumulado, en este caso US$ 61.000.

5.3. Plan de inversiones

El plan de inversiones es un resumen de las inversiones fijas, inversiones intangibles y capital de trabajo de un proyecto.

Las inversiones fijas es conveniente agruparlas en grandes categorías, es decir en terrenos, edificaciones y construcciones, maquinaria y equipo, muebles y enseres, vehículos. El detalle de cada una de estas partidas se puede exponer en cuadros separados, como se ilustra en el ejemplo 5.7.

Ejemplo 5.7. **Elaboración de un plan de inversiones**

Elaborar el plan de inversiones de un proyecto que se encuentra en estudio, en base a la información que se detalla a continuación.

Inversiones fijas

Terreno	US$ 20.000 (10.000 m^2)
Edificaciones y construcciones	US$ 96.000
Maquinaria y equipo	US$ 70.000
Muebles y enseres	US$ 10.000
Vehículos	US$ 24.000

Inversiones intangibles

Gastos de organización	US$ 5.000
Gastos de puesta en marcha	US$ 5.000

Capital de trabajo

Capital de operaciones	US$ 30.000

EDIFICACIONES Y CONSTRUCCIONES
En dólares americanos

Descripción	Superficie construida	Costo unitario	Importe
Planta de producción	400 m^2	150	60.000
Almacén de insumos y productos terminados	180 m^2	150	27.000
Area administrativa	50 m^2	180	9.000
TOTAL	**630 m^2**	**152**	**96.000**

MAQUINARIA Y EQUIPO
En dólares americanos

Descripción	Cantidad	Costo unitario	Importe
Maquina despulpadora	2	5.200	10.400
Maquina pasteurizadora	1	20.500	20.500
Cámara frigorífica	1	28.600	28.600
Lavadora de envases	1	8.000	8.000
Balanza	1	1.200	1.200
Utensilios varios	Global	1.300	1.300
TOTAL			**70.000**

PLAN DE INVERSIONES
En dólares americanos

Concepto	Cantidad	Costo unitario	Importe
INVERSIONES FIJAS			
Terreno	10.000 m²	2	20.000
Edificaciones y construcciones	630 m²	152	96.000
Maquinaria y equipo	Global		70.000
Muebles y enseres	Global		10.000
Vehículos	1	24.000	24.000
SUB - TOTAL			**220.000**
INVERSIONES INTAGIBLES			
Gastos de organización			5.000
Gastos de puesta en marcha			5.000
SUB - TOTAL			**10.000**
CAPITAL DE TRABAJO			
Capital de operaciones			30.000
SUB - TOTAL			**30.000**
TOTAL			**260.000**

5.4. Cronograma de inversiones

Como las inversiones no se efectúan en un solo momento, es necesario elaborar un cronograma de inversiones expresado en períodos mensuales, quincenales o semanales, para establecer el período en que se realizará cada componente del plan de inversiones.

En el cuadro 5.1 se ilustra el cronograma de inversiones del ejemplo 5.7, donde se detalla el tiempo en el que se ejecutarán las inversiones fijas.

Cuadro 5.1. Cronograma de inversiones

CRONOGRAMA DE INVERSIONES

Concepto	Meses					
	1	2	3	4	5	6
Terreno						
Edificaciones y construcciones						
Maquinaria y equipo						
Muebles y enseres						
Vehículos						

Todas las inversiones previas a la puesta en marcha deben expresarse en el período cero del proyecto. En el caso de que exista un cronograma de inversiones, puede optarse por los siguientes procedimientos:

- Capitalizar los valores del plan de inversiones considerando el tiempo establecido en el cronograma de inversiones, a la tasa del costo del capital accionario.

- Denominar período cero al momento en que se realiza el primer desembolso y tener flujos negativos los primeros períodos.

- Incluir un ítem en el plan de inversiones, del costo de los recursos invertidos en el período de implementación del proyecto.

En su caso también será necesario elaborar un cronograma de inversiones durante la etapa de operación del proyecto, ya que pueden existir inversiones a realizar durante la fase de operación, ya sea porque se precise reemplazar activos desgastados o porque se requiere incrementar la capacidad de producción ante aumentos proyectados de la demanda. En el cuadro 5.2 se ilustra el formato de un cronograma de inversiones durante la etapa de operación de un proyecto.

Cuadro 5.2. Cronograma de inversiones

CRONOGRAMA DE INVERSIONES
En dólares americanos

Concepto	Año 0	Año 1	Año 2	Año 3	Año 4	Año 5
INVERSIONES FIJAS						
Terreno	20.000					
Edificaciones y construcciones	96.000		20.000	30.000		
Maquinaria y equipo	70.000			40.000		30.000
Muebles y enseres	10.000					
Vehículos	24.000			25.000		
SUB - TOTAL	**220.000**	**0**	**20.000**	**95.000**	**0**	**30.000**
INVERSIONES INTAGIBLES						
Gastos de organización	5.000					
Gastos de puesta en marcha	5.000					
SUB - TOTAL	**10.000**	**0**	**0**	**0**	**0**	**0**
CAPITAL DE TRABAJO						
Capital de operaciones	30.000	30.000	36.000	45.000	55.000	60.000
SUB - TOTAL	**30.000**	**30.000**	**36.000**	**45.000**	**55.000**	**60.000**
TOTAL	**260.000**	**30.000**	**56.000**	**140.000**	**55.000**	**90.000**

5.5. Estructura del financiamiento

Una vez que se ha establecido el monto de las inversiones fijas, inversiones intangibles y del capital de trabajo, es necesario determinar las fuentes de financiamiento.

Una empresa se puede financiar con recursos ajenos (pasivo) o con recursos propios (capital). La proporción del pasivo y el capital respecto al total del activo se conoce como estructura de capital.

Una deuda (pasivo) representa una obligación que debe ser reembolsada, es el resultado de solicitar fondos en préstamo sobre el que se debe pagar intereses

Los recursos propios (capital) no poseen un rendimiento garantizado u obligatorio que deba ser pagado, ni un calendario para el reembolso del capital. Por los recursos aportados por los accionistas, la empresa paga dividendos, que están en función a las utilidades netas generadas por la empresa.

Para este fin es necesario elaborar un cuadro de la estructura del financiamiento, detallando la fuente de financiamiento para cada ítem del plan de inversiones.

En el cuadro 5.3 se ilustra el formato del cuadro de la estructura de financiamiento del proyecto expuesto en el ejemplo 5.7.

Cuadro 5.3. Estructura del financiamiento

PLAN DE INVERSIONES Y ESTRUCTURA DEL FINANCIAMIENTO
En dólares americanos

Concepto	Cantidad	Costo unitario	Importe total	Fuentes de financiamiento		
				Crédito	Aporte propio	Otros financiam.
INVERSIONES FIJAS						
Terreno	10.000 m²	2	20.000		20.000	
Edificaciones y construcciones	630 m²	152	96.000	40.000	56.000	
Maquinaria y equipo	Global		70.000	50.000	20.000	
Muebles y enseres	Global		10.000		10.000	
Vehículos	1	24.000	24.000		14.000	10.000
SUB TOTAL			220.000	90.000	120.000	10.000
INVERSIONES INTANGIBLES						
Gastos de organización			5.000		5.000	
Gastos de puesta en marcha			5.000		5.000	
SUB TOTAL			10.000		10.000	
CAPITAL DE TRABAJO						
Capital de operaciones			30.000	10.000	20.000	
SUB TOTAL			30.000	10.000	20.000	0
TOTAL			260.000	100.000	150.000	10.000
PORCENTAJE			100%	38,5%	57,7%	3,8%

Definido el monto del financiamiento mediante deuda se debe detallar los términos y condiciones del préstamo, es decir el plazo, período de gracia, tasa de interés, forma de pago y el tipo de amortización.

Asimismo, se debe establecer un cronograma de desembolsos del financiamiento mediante deuda, que estará en función al cronograma de inversiones, como se ilustra en el cuadro 5.4.

Cuadro 5.4. Cronograma de desembolsos

CRONOGRAMA DE DESEMBOLSOS

Concepto	Meses					
	1	2	3	4	5	6
Edificaciones y construcciones		10.000	10.000	10.000	10.000	
Maquinaria y equipo					50.000	
Capital de operaciones						10.000
Total desembolsos	0	10.000	10.000	10.000	60.000	10.000

5.6. Fuentes del financiamiento

Un proyecto se puede financiar con recursos de los inversionistas (capital) o con recursos ajenos (pasivo).

Las fuentes de financiamiento con recursos propios en empresas constituidas como sociedad anónima son las acciones comunes y las acciones preferentes.

Las fuentes de financiamiento con recursos ajenos pueden ser préstamos bancarios, emisión de bonos o leasing financiero.

Acciones comunes

Las acciones comunes son títulos valores que representan el capital de una empresa, las cuales reciben dividendos como rendimiento del capital aportado.

Los dividendos se pagan de acuerdo a la utilidad neta obtenida en una gestión, y la decisión de que se pague o no es facultad de la junta de accionistas.

Los accionistas comunes tienen derecho a participar proporcionalmente en las utilidades de la empresa, derecho a voto para elegir a los directores, derecho a voto en cuestiones de importancia, derecho de compra de nuevas acciones emitidas y derecho a los activos después de pagarse las deudas en caso de liquidación de la empresa.

Los accionistas comunes controlan la empresa mediante la facultad que tienen de elegir a los directores, quienes a su vez eligen a los administradores.

Acciones preferentes

Las acciones preferentes se diferencias de las acciones comunes porque tienen preferencia en el pago de dividendos y en los activos de la empresa en caso de liquidación.

Los accionistas preferentes tienen el derecho de recibir un dividendo fijo antes que se paguen los dividendos a los accionistas comunes, aunque estos dividendos no son obligatorios para la empresa. Una junta directiva podría decidir no pagar dividendos a las acciones preferentes.

Los dividendos de las acciones preferentes pueden ser acumulativos o no acumulativos. Si los dividendos preferentes son acumulativos y no se paga en un año en particular, se acumularán para el pago en futuras gestiones. Los accionistas comunes no pueden recibir ningún dividendo hasta que se paguen los dividendos preferentes de la gestión y los acumulados.

Préstamos bancarios

Los préstamos bancarios son créditos concedidos por una entidad financiera a una empresa. Los préstamos bancarios a largo plazo tienen vencimientos mayores a un año y se conceden para financiar inversiones fijas. Los préstamos bancarios a corto plazo financian necesidades de capital de trabajo.

El costo de los préstamos a largo plazo generalmente es mayor que el costo de los préstamos a corto plazo.

Todo préstamo bancario se efectúa en base a un contrato de préstamo, documento legal suscrito entre el prestatario y el prestamista, en donde se estipulan los términos y condiciones del préstamo, es decir el monto del crédito, el plazo, la forma de amortización, la tasa de interés, el destino del crédito y las garantías constituidas.

En los contratos de préstamo normalmente se incluyen cláusulas de protección, que limitan ciertas acciones que el prestatario podría tomar durante la vigencia del préstamo, por ejemplo mantener una razón circulante mínima, limitar el pago de dividendos o no endeudarse por encima de una razón deuda patrimonio determinada.

La garantía de un préstamo bancario generalmente es con hipoteca de inmuebles o prendaría de maquinaria y equipo.

Emisión de bonos

Los bonos son valores de deuda que emiten las empresas para captar fondos en préstamo del público, sobre el que se pagan intereses.

La entidad emisora se compromete a devolver el capital en la fecha de vencimiento estipulada y cancelar los intereses periódicamente en forma anual o semestral.

Toda emisión de bonos tiene un contrato de préstamo, documento legal entre la empresa emisora y sus acreedores, donde se incluyen los términos de los bonos, el monto total de los bonos emitidos y especificación de la garantía constituida.

Leasing financiero

El leasing financiero es un acuerdo entre un arrendador (entidad financiera) y un arrendatario, mediante el cual se establece que el arrendatario tiene el derecho de usar un activo a cambio de hacer pagos periódicos al arrendador. El arrendatario es quien usa el activo y el arrendador es el propietario del activo.

Las principales características de este tipo de financiamiento son las siguientes:

*   Los pagos requeridos según el contrato son mayores al costo inicial del activo arrendado.

*   El arrendador no provee mantenimiento o servicio al activo arrendado.

*   El arrendatario no puede rescindir el contrato, debe efectuar todos los pagos o enfrentar en su caso acciones legales por incumplimiento.

*   La propiedad del activo se transfiere al arrendatario al término del plazo estipulado en el contrato.

Preguntas y problemas

1.   Indique como se clasifican las inversiones y que partidas las componen.

2.   Indique las características de las acciones comunes y las acciones preferentes.

3.   Indique las principales características de los préstamos bancarios a largo plazo.

4.   En que consiste en leasing financiero?

5. **Determinación del capital de trabajo neto**
Se ha establecido los siguientes niveles de venta de un proyecto que se encuentra en estudio:

Concepto	Año 1	Año 2	Año 3
Volumen de ventas (unidades)	3.000	4.000	5.000

El precio de venta unitario es US$ 60.
El costo de ventas representa el 70% de las ventas.
Las ventas se realizaran a un plazo promedio de 60 días.
El periodo del inventario es de 35 días.
El periodo de pago a proveedores es de 45 días.
El requerimiento mínimo de efectivo para cubrir gastos de operación es del 1,5% sobre las ventas del periodo.
Determinar el capital de trabajo neto por el método de razones financieras.

6. **Determinación del capital de trabajo neto**
Calcular el capital de trabajo neto por el método de razones financieras desagregado, en base a la siguiente información:

- Periodo de la materia prima   15 días
- Periodo productos en proceso   30 días
- Periodo productos terminados   20 días
- Periodo de cobro a clientes   30 días
- Periodo de pago a proveedores   45 días
- Periodo promedio de pago de la mano de obra, gastos indirectos de fabricación, gastos de administración y comercialización es 30 días
- Costo de producción y operación anual (sin incluir depreciación ni intereses): US$ 100.000.
- Las ventas anuales ascienden a US$ 140.000.
- La materia prima representa el 25% del costo de producción y operación anual.
- La mano de obra directa y los gastos indirectos de fabricación representan el 40% del costo de producción y operación anual.
- Los gastos de administración y comercialización representan el 35% del costo de producción y operación anual.
- El requerimiento mínimo de efectivo es del 0,5% del costo de producción y operación anual.

7. **Determinación del capital de trabajo neto**
Calcular el capital de trabajo por el método del déficit acumulado en base a la siguiente información:

PRONÓSTICO DE VENTAS
En dólares americanos

	1º TRIM.	2º TRIM.	3º TRIM.	4º TRIM.
Ventas	14.000	12.000	16.000	18.000

- Las ventas del quinto trimestre se estima en US$ 20.000.
- El período promedio de cobranza es de 45 días.
- Las compras de mercaderías en un trimestre son iguales a 70% de las ventas pronosticadas del siguiente trimestre.
- El período de pago a proveedores es de 30 días.
- Los sueldos, impuestos y otros gastos ascienden al 30% de las ventas del período.

6

Presupuesto de ingresos y gastos

En este capítulo veremos los fundamentos para elaborar el presupuesto de ingresos y gastos de un proyecto, veremos como se determina el punto de equilibrio y la planeación de utilidades.

6.1. Clasificación de costos

El costo total de un producto o servicio esta conformado por todos los elementos que intervienen en el proceso productivo, los gastos de la función de administración de la empresa, los gastos de comercialización del producto o servicio y los costos financieros.

Los costos se pueden clasificar de varias maneras, los más útiles para efectos de analizar un proyecto son el sistema de costeo absorbente y el sistema de costeo directo.

Sistema de costeo absorbente

El sistema de costeo absorbente clasifica los costos en costo de producción, gastos de operación, costo financiero e impuestos, pudiendo incluir los gastos por depreciación en el costo de producción y/o los gastos de operación o exponerlo en forma separada, como se indica en el cuadro 6.1.

a) Costo de producción o costo de ventas

El costo de producción esta compuesto por la materia prima, mano de obra directa y gastos indirectos de fabricación.

Materia prima. Son insumos que en el proceso de producción se incorporan o transforman en una parte o en la totalidad del producto final. Por ejemplo la harina es la materia prima del pan, el trigo de la harina, la tela de la ropa, la madera de los muebles.

Para determinar el costo de la materia prima se debe considerar las cantidades establecidas en la ingeniería del proyecto y el costo unitario respectivo.

Mano de obra directa. La mano de obra directa es aquella que interviene directamente en el proceso de producción. Para determinar el costo de este ítem se debe considerar el número de trabajadores determinado en el capitulo de ingeniería del proyecto, el salario base, los aportes a la seguridad social, los aportes al sistema de pensiones y los beneficios sociales (aguinaldo e indemnización). En el cuadro 6.2 se ilustra el formato de una planilla de sueldos y salarios.

Cuadro 6.1. Clasificación de costos

Sistema de costeo absorbente

Con depreciación separada de costo de producción y / o gastos de administración

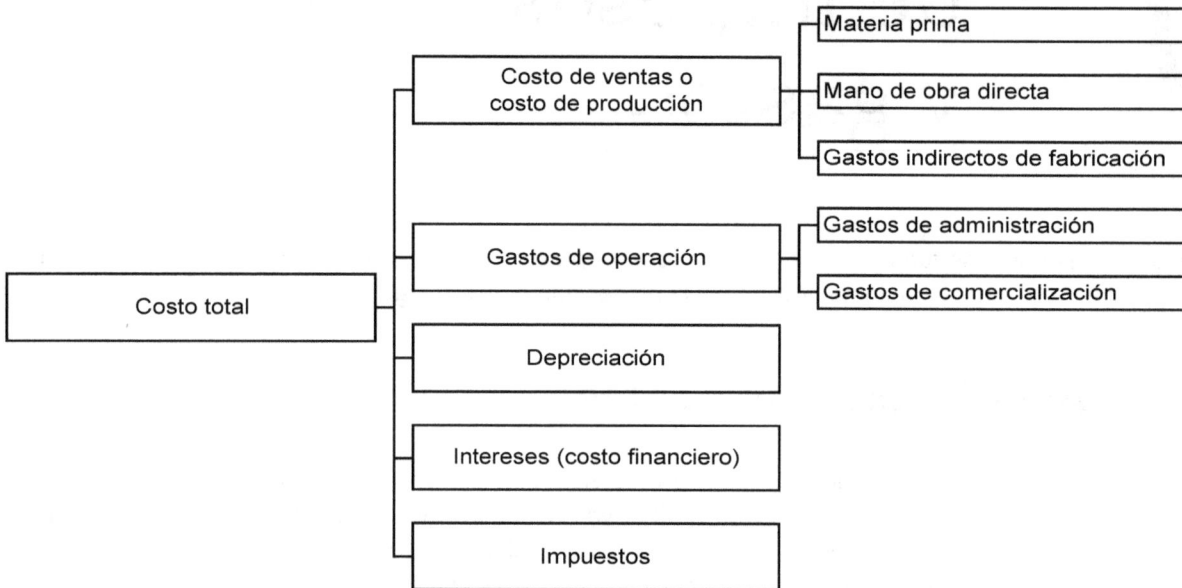

```
                                              ┌─ Materia prima
                          ┌─ Costo de ventas o ┤
                          │  costo de producción├─ Mano de obra directa
                          │                     │
                          │                     └─ Gastos indirectos de fabricación
                          │
                          │                     ┌─ Gastos de administración
                          ├─ Gastos de operación┤
              Costo total ┤                     └─ Gastos de comercialización
                          │
                          ├─ Depreciación
                          │
                          ├─ Intereses (costo financiero)
                          │
                          └─ Impuestos
```

Gastos indirectos de fabricación
Mano de obra indirecta
Energía electrica
Combustible y lubricantes
Repuestos
Mantenimiento

Gastos de administración
Sueldos personal administrativo
Gastos generales
Telefono, luz, agua
Seguros
Alquileres

Gastos de comercialización
Sueldos personal area comercial
Comisiones
Publicidad
Promoción

Sistema de costeo absorbente

Con depreciación incluida en costo de producción y / o gastos de administración

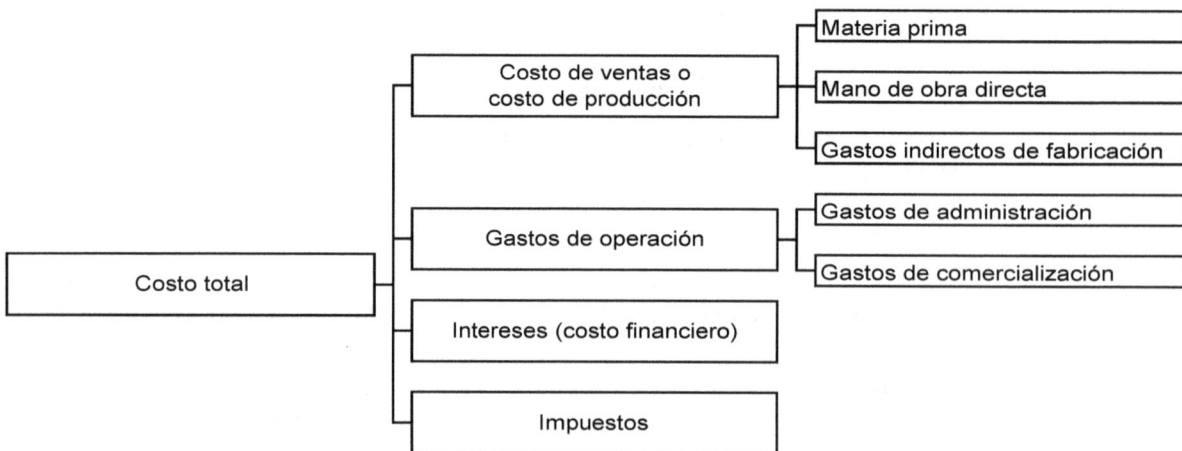

```
                                              ┌─ Materia prima
                          ┌─ Costo de ventas o ┤
                          │  costo de producción├─ Mano de obra directa
                          │                     │
                          │                     └─ Gastos indirectos de fabricación
                          │
                          │                     ┌─ Gastos de administración
              Costo total ┤─ Gastos de operación┤
                          │                     └─ Gastos de comercialización
                          │
                          ├─ Intereses (costo financiero)
                          │
                          └─ Impuestos
```

Gastos indirectos de fabricación
Mano de obra indirecta
Energía electrica
Combustible y lubricantes
Repuestos
Mantenimiento
Depreciación activos fijos (area
   de producción)

Gastos de administración
Sueldos personal administrativo
Gastos generales
Telefono, luz, agua
Seguros
Alquileres
Depreciación activos fijos (area
   de administración)

Gastos de comercialización
Sueldos personal area comercial
Comisiones
Publicidad
Promoción

| Cuadro 6.2. | **Planilla de sueldos y salarios** |

PLANILLA DE SUELDOS Y SALARIOS MENSUAL
En dólares americanos

CARGO	HABER BÁSICO	NUMERO DE PERSONAS	TOTAL HABER BÁSICO	FONDO DE PENSIONES 1,71%	FONDO PRO-VIVIENDA 2,00%	SEGURO SALUD 10,00%	PREVISIÓN INDEMNIZ. 8,33%	PREVISIÓN AGUINALDO 8,33%	TOTAL APORTE PATRONAL 30,37%	COSTO TOTAL
Departamento de administración										
Gerente general	1.000	1	1.000	17	20	100	83	83	304	1.304
Secretaria	300	1	300	5	6	30	25	25	91	391
Gerente financiero	700	1	700	12	14	70	58	58	213	913
Contador	500	1	500	9	10	50	42	42	152	652
Auxiliar	350	1	350	6	7	35	29	29	106	456
SUB TOTAL										3.716
Departamento de ventas										
Gerente comercial	700	1	700	12	14	70	58	58	213	913
Vendedores	400	5	2.000	34	40	200	167	167	607	2.607
SUB TOTAL										3.520
Departamento de producción										
Gerente de producción	600	1	600	10	12	60	50	50	182	782
Supervisor	500	1	500	9	10	50	42	42	152	652
Operarios	350	15	5.250	90	105	525	437	437	1.594	6.844
SUB TOTAL										8.278
TOTAL GENERAL										15.514

Gastos indirectos de fabricación. Son costos de los recursos que participan en el proceso de producción, pero que no se incorporan físicamente al producto final. En esta partida se debe considerar los siguientes ítems:

• **Mano de obra indirecta**
Es el costo de la mano de obra que no interviene directamente en el proceso de producción, por ejemplo el gerente o jefe de producción, supervisores, personal del departamento de calidad, personal del departamento de mantenimiento y servicios mecánicos. Para el cálculo se debe considerar el salario base, aportes a la seguridad social, aportes al sistema de pensiones y los beneficios sociales (aguinaldo e indemnización).

• **Energía eléctrica**
En este ítem se incluye el consumo de energía eléctrica de los motores eléctricos de la maquinaria que se utiliza en el proceso de producción y el consumo en el alumbrado de las instalaciones. Para el cálculo, se toma en cuenta la potencia de cada uno de los motores de las maquinas y el tiempo que se encuentran en operación durante el día, estimados en la ingeniería del proyecto.

• **Combustibles**
Se debe considerar los combustibles que se utilizarán en el proceso de producción, tales como gas, diesel, gasolina, cuyas cantidades se estiman en la ingeniería del proyecto.

• **Mantenimiento**
Se debe considerar el mantenimiento de la maquinaría y equipo y si se realizará dentro de la empresa o si será un servicio externo. Si se va realizar internamente se debe considerar las inversiones en equipo, espacio físico y personal.

- **Otros costos**

  Existen gastos por detergentes, refrigerantes, uniformes de trabajo, dispositivos de protección para los trabajadores y otros cuyo importe es relativamente pequeño y que se los agrupa en esta partida.

b) Gastos de operación

Los gastos de operación son todos aquellos gastos que no están relacionados con el proceso de producción y se clasifican en gastos de administración y gastos de comercialización.

Gastos de administración. Son gastos que provienen de realizar la función de administración en la empresa. Contempla los sueldos del gerente general, gerente de administración y finanzas, gerencia de investigación y desarrollo, gerencia de recursos humanos, contadores, auxiliares, secretarias, así como los gastos de oficina en general tales como teléfono, agua, seguros, alquileres, útiles de oficina, que se constituyen en costos fijos.

Gastos de comercialización. Son todos aquellos gastos en que incurre la empresa para vender y distribuir el producto o servicio. Contempla los sueldos y salarios del gerente de ventas, de los supervisores de ventas, vendedores, personal de reparto, comisiones, publicidad y promoción.

c) Depreciación

La depreciación es el costo que se imputa a una gestión por el desgaste de la inversión fija.

Para el cálculo del monto de la depreciación se debe considerar la vida útil de cada activo fijo, establecidos en las disposiciones tributarias de cada país, como se indica en el cuadro 6.2.

Cuadro 6.3. **Vida útil de activos fijos**

TABLA DE DEPRECIACIÓN

Concepto	Vida util (Años)	%
Edificaciones y construcciones	40	2,5%
Tinglados y cobertizos de metal	10	10,0%
Maquinaria en general	8	12,5%
Maquinaria para la construcción	5	20,0%
Maquinaria agrícola	4	25,0%
Equipos e instalaciones	8	12,5%
Equipos de computación	4	25,0%
Herramientas en general	4	25,0%
Vehículos automotores	5	20,0%
Aviones	5	20,0%
Barcos y lanchas en general	10	10,0%
Muebles y enseres de oficina	10	10,0%
Canales de regadios y pozos de agua	20	5,0%
Alambrados	10	10,0%
Silos, almacenes y galpones	20	5,0%

Existen dos opciones para incluir la depreciación del activo fijo en los costos. La primera es incluirla en los gastos indirectos de fabricación, gastos de administración y gastos de comercialización.

La otra opción es determinar el monto global de la depreciación de todos los activos fijos e incluirlo en una partida separada dentro los gastos de operación, que es la mas recomendable dado que es un gasto no desembolsable que se debe considerar en la elaboración del flujo de caja.

Generalmente la depreciación se calcula por el método de la línea recta, que considera que el activo fijo se deprecia en una cantidad constante cada año.

d) Intereses (Costo financiero)

Es el costo de los recursos financieros obtenidos en préstamo.

e) Impuestos

Son los impuestos y patentes a favor del estado o los municipios establecidos en la legislación tributaria de cada país, tales como el impuesto a las transacciones, impuesto a la propiedad de bienes inmuebles, impuesto a vehículos automotores y patentes municipales.

El impuesto a las utilidades de las empresas es un tributo sobre las utilidades obtenidas durante una gestión. Este impuesto se lo considera en forma separada en el estado de resultados, antes de la utilidad neta. El porcentaje de este impuesto varía en cada país y se calcula sobre la utilidad antes de impuestos.

El impuesto al valor agregado (IVA) es un impuesto indirecto que tampoco forma parte de esta partida, se lo debe considerar en el estado de resultados como una partida deducible de las ventas brutas. El porcentaje de este impuesto varía en cada país y se lo determina por diferencia entre el débito y el crédito fiscal. El débito fiscal se calcula como un porcentaje de las ventas brutas y el crédito fiscal como un porcentaje de las compras efectuadas con facturas relacionados con la actividad de la empresa.

Sistema de costeo directo

El sistema de costeo directo clasifica los costos en variables y fijos, según se detalla en el cuadro 6.4.

Costos variables. Los costos variables cambian a medida que cambia la cantidad producida o vendida y son de cero cuando la producción es de cero. Por ejemplo los costos de materia prima, mano de obra directa, comisiones por ventas son costos variables.

Costos fijos. Los costos fijos no cambian durante un determinado periodo de tiempo, es decir no dependen de la cantidad producida o vendida, tales como los gastos de administración, la depreciación y el costo financiero.

Cuadro 6.4. **Clasificación de costos**

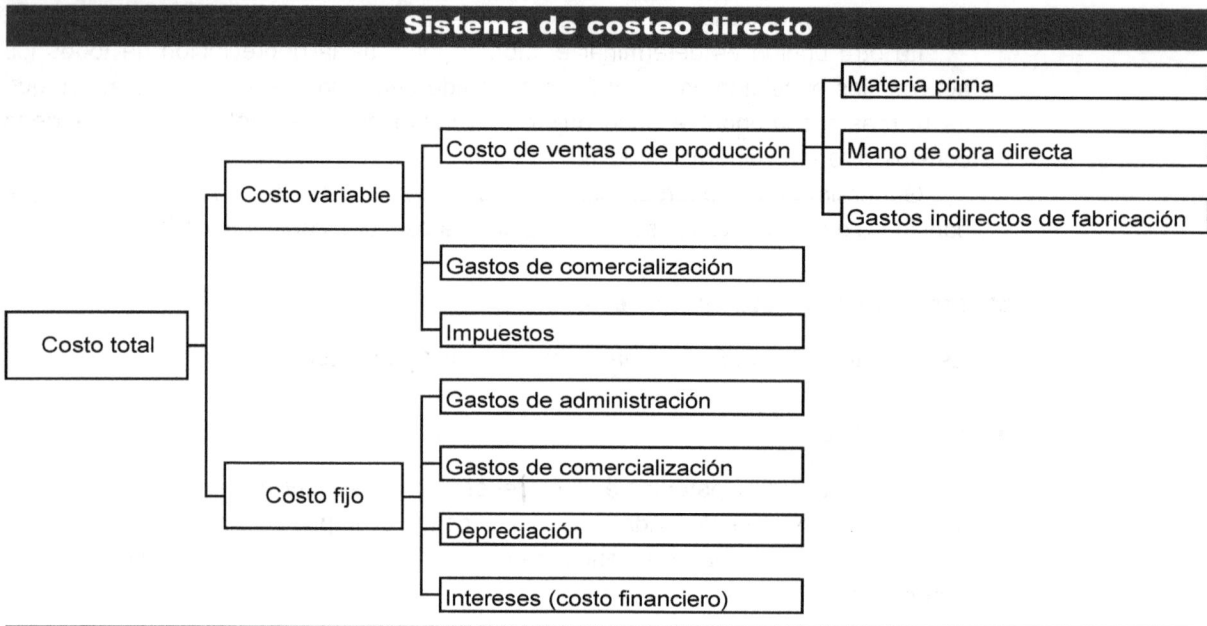

Sistema de costeo directo

```
                                          ┌─ Materia prima
                    ┌─ Costo de ventas o ─┼─ Mano de obra directa
                    │   de producción      └─ Gastos indirectos de fabricación
       ┌─ Costo ────┤
       │  variable  ├─ Gastos de comercialización
       │            │
       │            └─ Impuestos
Costo ─┤
total  │            ┌─ Gastos de administración
       │            │
       │            ├─ Gastos de comercialización
       └─ Costo ────┤
          fijo       ├─ Depreciación
                    │
                    └─ Intereses (costo financiero)
```

6.2.   Presupuesto de ingresos

El presupuesto de ingresos es una estimación de los ingresos por la venta de los productos o servicios del proyecto, que se calcula multiplicando el volumen de producción de cada producto por el precio de venta unitario, como se ilustra en el cuadro 6.5.

Cuadro 6.5. **Presupuesto de ingresos por ventas**

PRESUPUESTO DE INGRESOS POR VENTAS
En dólares americanos

Concepto	Año 1	Año 2	Año 3	Año 4	Año 5
PRODUCTO A					
Volumen de ventas					
Precio de venta					
SUB - TOTAL					
PRODUCTO B					
Volumen de ventas					
Precio de venta					
SUB - TOTAL					
PRODUCTO C					
Volumen de ventas					
Precio de venta					
SUB - TOTAL					
TOTAL					

6.3. Punto de equilibrio contable

El punto de equilibrio contable es aquel nivel de ventas de una empresa en la que los ingresos son iguales a los costos, es decir el nivel de ventas en la que la utilidad neta es igual a cero.

Para determinar el punto de equilibrio contable es necesario clasificar los costos en variables y fijos, para lo cual adoptaremos la siguiente simbología:

p   Precio de venta unitario

q   Cantidad o unidades de producción

cv   Costo variable unitario

CV   Costo variable total

CF   Costo fijo

CT   Costo total

IT   Ingreso total

El costo variable total se determina multiplicando el costo variable unitario por la cantidad, el costo total se determina sumando el costo variable total y el costo fijo y el ingreso total se determina multiplicando el precio de venta por la cantidad.

$$CV = cv \times q$$

$$CT = CF + CV$$

$$IT = p \times q$$

Para determinar la fórmula del punto de equilibrio en términos de cantidades partimos de la definición, es decir que los ingresos totales son iguales a los costos totales y despejamos la cantidad de equilibrio (q).

$$IT = CT$$

$$p \times q = CF + CV$$

$$p \times q = CF + (cv \times q)$$

$$p \times q - cv \times q = CF$$

$$q = \frac{CF}{p - cv}$$

$$\boxed{P.E. = \frac{CF}{p - cv}}$$

Esta expresión nos indica que el punto de equilibrio contable se determina dividiendo el costo fijo entre la diferencia del precio de venta y el costo variable unitario, diferencia que se denomina margen de contribución.

Para determinar la fórmula del punto de equilibrio contable en términos de unidades monetarias, se parte también de que los ingresos son iguales a los costos totales, se multiplica y se divide los costos variables totales por el ingreso total y se despeja el ingreso total de equilibrio (IT).

$$IT = CF + CV$$

$$IT = CF + \frac{CV \times IT}{IT}$$

$$IT = CF + \frac{CV \times IT}{p \times q}$$

$$IT - \frac{CV \times IT}{p \times q} = CF$$

$$IT \left(1 - \frac{CV}{p \times q}\right) = CF$$

$$IT = \frac{CF}{1 - \frac{cv \times q}{p \times q}}$$

$$IT = \frac{CF}{1 - \frac{cv}{p}}$$

$$\boxed{P.E. = \frac{CF}{1 - \frac{cv}{p}}}$$

Esta expresión nos indica que el punto de equilibrio en términos de unidades monetarias se determina dividiendo el costo fijo entre uno menos la razón del costo variable unitario respecto al precio de venta unitario, denomina razón de contribución.

Si deseamos expresar la formula anterior en términos del ingreso total y el costo total, multiplicamos el costo variable unitario y el precio de venta por la cantidad (q), obteniendo la siguiente fórmula:

$$\boxed{P.E. = \frac{CF}{1 - \frac{CV}{IT}}}$$

En consecuencia, existen tres formulas para el cálculo del punto de equilibrio.

Fórmula del punto de equilibrio contable en términos de unidades físicas:

$$P.E. = \frac{\text{Costo fijo}}{\text{Precio de venta - Costo variable unitario}}$$

Formula del punto de equilibrio contable en términos de unidades monetarias:

$$P.E. = \frac{\text{Costo fijo}}{1 - (\text{Costo variable unitario / Precio de venta})}$$

$$P.E. = \frac{\text{Costo fijo}}{1 - (\text{Costo variable total / Ingreso total})}$$

Ejemplo 6.1. Cálculo del punto de equilibrio contable

Se dispone de la siguiente información de una empresa que fabrica un producto.

Precio de venta unitario: p = US\$ 2,00
Costo variable unitario: cv = US\$ 0,80
Costo fijo: CF = US\$ 60.000

Determinar el punto de equilibrio en términos de unidades físicas y en términos de unidades monetarias, la ecuación del ingreso total, la ecuación del costo total y la gráfica del punto de equilibrio.

$$P.E. = \frac{CF}{p - cv} \qquad\qquad P.E. = \frac{CF}{1 - cv/p}$$

$$P.E. = \frac{60.000}{2 - 0,80} \qquad\qquad P.E. = \frac{60.000}{1 - 0,80/2}$$

$$P.E. = 50.000 \text{ unidades} \qquad\qquad P.E. = \frac{60.000}{0,60}$$

$$P.E. = US\$ 100.000$$

Para verificar estos valores se puede elaborar un estado de resultados donde se demuestra que la utilidad neta es cero.

ESTADO DE RESULTADOS
En dólares americanos

Ingreso por ventas (50.000 unidades x US\$ 2)	100.000
(-) Costo variable (50.000 unidades x US\$ 0,80)	40.000
(-) Costo fijo	60.000
Utilidad neta	0

La ecuación del ingreso total y del costo total son las siguientes:
Ecuación del ingreso total: IT = 2 q
Ecuación del costo total: CT = 60.000 + 0,80 q

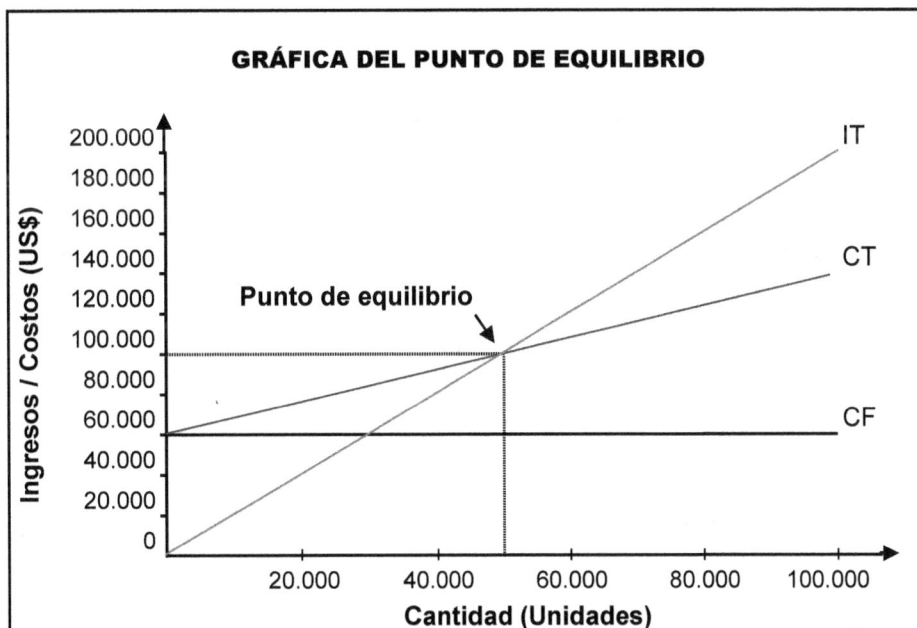

GRÁFICA DEL PUNTO DE EQUILIBRIO

Para graficar una ecuación lineal necesitamos dos puntos. Por ejemplo para un valor de q de cero, el ingreso total es cero y el costo total US$ 60.000. Para un valor de q de 80.000, el ingreso total es US$ 160.000 y el costo total US$ 124.000. Las líneas del ingreso total y el costo total se intersectan donde la cantidad es igual a 50.000 unidades y donde el ingreso total y el costo total es igual a US$ 100.000.

En el ejemplo 6.1 se ha considerado el caso de una empresa que tiene un solo producto. Cuando se trata de determinar el punto de equilibrio de una empresa que tiene varios productos se debe utilizar la formula en términos de unidades monetarias, como se ilustra en el ejemplo 6.2.

Ejemplo 6.2. Punto de equilibrio de varios productos

Determinar el punto de equilibrio de una empresa que tiene cien productos, un ingreso por ventas de US$ 30.000, un costo variable total de US$ 12.000 y un costo fijo de US$ 9.000.

Ingreso bruto:	IT = US$ 30.000
Costo variable total:	CV = US$ 12.000
Costo fijo:	CF = US$ 9.000

$$P.E. = \frac{CF}{1 - (CV / IT)}$$

$$P.E. = \frac{9.000}{1 - (12.000 / 30.000)}$$

$$P.E. = \frac{9.000}{0,60}$$

$$P.E. = US\$ 15.000$$

Ejemplo 6.3. Costos totales y costos promedios

La empresa Gwire Corporation fabrica un producto que tiene un precio de venta unitario de US$ 1,50, un costo variable unitario es de US$ 0,60 y los costos fijos anuales ascienden a US$ 70.000.

Si la empresa produce actualmente 100.000 unidades al año, determinar el costo total de producción y el costo de producción promedio.

Si la empresa recibe un pedido de 20.000 unidades a un precio de US$ 0,75 la unidad, debería aceptar el pedido?

Precio de venta unitario:	p = US$ 1,50
Costo variable unitario:	cv = US$ 0,60
Costo fijo anual:	CF = US$ 70.000
Ingreso total:	IT = 100.000 x 1,50 = US$ 150.000
Costo variable total:	CV = 100.000 x 0,60 = US$ 60.000
Costo total:	CT = 60.000 + 70.000 = US$ 130.000

Costo promedio: cp = 130.000 / 100.000 = US$ 1,30

Con el volumen de producción actual la empresa obtiene una utilidad de US$ 20.000. La empresa ha cubierto su costo fijo, de manera que toda producción por encima de este nivel tendrá un costo marginal de US$ 0,60. Todo lo que la empresa pueda obtener por encima del costo variable de US$ 0,60 incrementará la utilidad.

En el pedido especial de 20.000 unidades, el ingreso marginal de US$ 0,75 supera el costo marginal de US$ 0,60, por lo que se debería aceptar el pedido.

Esta situación se puede demostrar elaborando el estado de resultados de la situación actual y la situación con el nuevo pedido, donde se verifica que la utilidad antes de impuestos se incrementa en US$ 3.000.

ESTADO DE RESULTADOS (Actual) En dólares americanos	
Ventas (100.000 unidades x US$ 1,50)	150.000
(-) Costo variable (100.000 unidades x US$ 0,60)	60.000
(-) Costo fijo	70.000
Utilidad antes de impuestos (EBT)	20.000

ESTADO DE RESULTADOS (Con el nuevo pedido) En dólares americanos	
Ventas (100.000 x US$ 1,50 + 20.000 x US$ 0,75)	165.000
(-) Costo variable (120.000 unidades x US$ 0,60)	72.000
(-) Costo fijo	70.000
Utilidad antes de impuestos (EBT)	23.000

Ejemplo 6.4. Determinación de punto de equilibrio

La empresa Koral S.A. fabrica un producto con un volumen de ventas de 50.000 unidades al año, el precio de venta unitario es US$ 6, el costo variable unitario es US$ 4,50, sus costos fijos anuales ascienden a US$ 54.000 y la tasa del impuesto a las utilidades es 25%.

a) Determinar la utilidad neta, el margen de utilidad neta y el punto de equilibrio en términos de unidades físicas

b) Determinar la utilidad neta, el margen de utilidad neta y el punto de equilibrio en términos de unidades físicas si se reduciría el costo variable en 20%.

c) Determinar la utilidad neta, el margen de utilidad neta y el punto de equilibrio en términos de unidades físicas si la empresa disminuiría su precio de venta en 15% para incrementar las ventas a 60.000 unidades.

d) Determinar la utilidad neta, el margen de utilidad neta y el punto de equilibrio en términos de unidades físicas si la empresa decide llevar a cabo una campaña publicitaria con el fin de incrementar el volumen de ventas a 70.000 unidades al año. El costo adicional de la publicidad asciende a US$ 6.000.

	Situación actual	Reducción costo variable en 20%	Disminución precio de venta en 15%	Incremento publicidad en US$ 6.000
Cantidad (q)	50.000	50.000	60.000	70.000
Precio de venta (p)	6,00	6,00	5,10	6,00
Costo variable unitario (cv)	4,50	3,60	4,50	4,50
Costo fijo (CF)	54.000	54.000	54.000	60.000

ESTADO DE RESULTADOS
En dólares americanos

Concepto	Situación actual	Reducción costo variable en 20%	Disminución precio de venta en 15%	Incremento publicidad en US$ 6.000
Ventas	300.000	300.000	306.000	420.000
(-) Costo variable	225.000	180.000	270.000	315.000
(-) Costo fijo	54.000	54.000	54.000	60.000
Utilidad antes de impuestos (EBT)	21.000	66.000	-18.000	45.000
(-) Impuesto a las utilidades	5.250	16.500	-4.500	11.250
Utilidad neta	15.750	49.500	-13.500	33.750
Margen de utilidad neta	5,25%	16,50%	-4,41%	8,04%
Punto de equilibrio	36.000 unid.	22.500 unid.	90.000 unid.	40.000 unid.

Ejemplo 6.5. **Determinación de utilidades y punto de equilibrio**

La empresa Aquarela S.A. fabrica un producto con un volumen de ventas anual de 80.000 unidades al año, cuyos costos de producción y gastos de operación son los siguientes:

	Costo fijo	Costo variable	Costo total	Costo var. unitario
Costo de producción	55.000	60.000	115.000	0,75
Gastos de administración	11.000	4.000	15.000	0,05
Gastos de comercialización	20.000	4.800	24.800	0,06
	86.000	68.800	154.800	0,86

El precio de venta unitario es US$ 2,20.

a) Determinar la utilidad neta si la tasa del impuesto a las utilidades es 25%.

b) Determinar el punto de equilibrio en unidades físicas

c) Determinar la utilidad neta si las ventas aumentan a 100.000 unidades al año.

ESTADO DE RESULTADOS En dólares americanos		Costo fijo	Costo variable
Ventas (80.000 unidades x US$ 2,20)	176.000		
(-) Costo de producción	115.000	55.000	60.000
Utilidad bruta	61.000		
(-) Gastos de administración	15.000	11.000	4.000
(-) Gastos de comercialización	24.800	20.000	4.800
Utilidad antes de impuestos (EBT)	21.200		
(-) Impuesto a las utilidades (25%)	5.300		
Utilidad neta	15.900		

$$P.E. = \frac{CF}{p - cv} = \frac{86.000}{2,20 - 0,86} = 64.179 \text{ unidades}$$

ESTADO DE RESULTADOS En dólares americanos		Costo fijo	Costo variable
Ventas (100.000 unidades x US$ 2,20)	220.000		
(-) Costo de producción	130.000	55.000	75.000
Utilidad bruta	90.000		
(-) Gastos de administración	16.000	11.000	5.000
(-) Gastos de comercialización	26.000	20.000	6.000
Utilidad antes de impuestos (EBT)	48.000		
(-) Impuesto a las utilidades (25%)	12.000		
Utilidad neta	36.000		

Ejemplo 6.6. Determinación de utilidades y punto de equilibrio

El estado de resultados proyectado para la gestión 2012 de la empresa Moss S.A es el siguiente:

ESTADO DE RESULTADOS En dólares americanos		Costo Fijo	Costo variable total	Costo variable unitario
Ventas (120.000 unidades x US$ 2)	240.000			
(-) Costo de producción				
Materia prima	60.000		60.000	0,50
Mano de obra directa	30.000		30.000	0,25
Gastos indirectos de fabricación	106.000	70.000	36.000	0,30
Utilidad bruta	44.000			
(-) Gastos de operación				
Gastos de administración	32.000	32.000		
Gastos de comercialización	24.000		24.000	0,20
Pérdida de la gestión	-12.000	102.000	150.000	1,25

a) Determinar el número de unidades que tendría que vender la empresa para alcanzar su punto de equilibrio.

b) Una investigación de mercado revela que si la empresa disminuye su precio de venta a US$ 1,90 por unidad, podría vender 200.000 unidades del producto. Es recomendable esta disminución de precios?

Cálculo del punto de equilibrio:

$$PE = \frac{CF}{p - cv} = \frac{102.000}{2 - 1,25} = \frac{102.000}{0,75} = 136.000 \text{ Unidades}$$

Para establecer si es recomendable la disminución de precios elaboraremos un estado de resultados.

ESTADO DE RESULTADOS En dólares americanos		Costo Fijo	Costo variable total
Ventas (200.000 unidades x US$ 1,90)	380.000		
(-) Costo de producción			
Materia prima	100.000		100.000
Mano de obra directa	50.000		50.000
Gastos indirectos de fabricación	130.000	70.000	60.000
Utilidad bruta	100.000		
(-) Gastos de operación			
Gastos de administración	32.000	32.000	
Gastos de comercialización	40.000		40.000
Utilidad antes de impuestos (EBT)	28.000		
(-) Impuesto a las utilidades (25%)	7.000		
Utilidad neta	21.000	102.000	250.000

Es conveniente la reducción de precios.

6.4.   Planeación de utilidades

El punto de equilibrio es un punto de referencia importante, ya que indica el punto en que la empresa cubre en forma exacta sus costos, es decir donde no existe utilidad ni pérdida.   Las empresas trataran de ubicarse por encima de este punto para obtener utilidades, que le permitan lograr una rentabilidad adecuada respecto al total del activo y el patrimonio neto.

En la planeación financiera interesará determinar el nivel de ventas que debería alcanzar una empresa para obtener cierta utilidad, que la denominaremos punto de utilidades y que la simbolizaremos con PU.

Para determinar el nivel de ventas que debería alcanzar una empresa para obtener una determinada utilidad antes de impuestos (EBT), partimos de que esta utilidad se obtiene por la diferencia del ingreso total y el costo total y despejamos la cantidad.

$$IT - CT = EBT$$

$$p \times q - CF - cv \times q = EBT$$

$$q\,(p - cv) = CF + EBT$$

$$q = \frac{CF + EBT}{p - cv}$$

$$\boxed{P.U. = \frac{CF + EBT}{p - cv}}$$

La formula para obtener una determinada utilidad antes de impuestos (EBT), en términos de unidades monetarias es la siguiente:

$$P.U. = \frac{CF + EBT}{1 - \dfrac{CV}{IT}}$$

Para determinar la fórmula del nivel de ventas para obtener cierta utilidad neta (después de impuestos) partimos que la utilidad neta es igual a la utilidad antes de impuestos menos los impuestos y sustituimos en la formula del punto de utilidades. Si simbolizando con t_x la tasa del impuesto a las utilidades, tendremos:

$$\text{Utilidad neta} = EBT - EBT \times t_x$$

$$EBT = \frac{\text{Utilidad neta}}{1 - t_x} \qquad (1)$$

$$P.U. = \frac{CF + EBT}{p - cv} \qquad (2)$$

$$P.U. = \frac{CF + \dfrac{\text{Utilidad neta}}{1 - t_x}}{p - cv} \qquad (1)\,en\,(2)$$

La formula para obtener una determinada utilidad neta, en términos de unidades monetarias es la siguiente:

$$P.U. = \frac{CF + \dfrac{\text{Utilidad neta}}{1 - t_x}}{1 - \dfrac{CV}{IT}}$$

Ejemplo 6.7. Planeación de utilidades

Se dispone de la siguiente información de un nuevo producto que se lanzará al mercado:

Precio de venta unitario	p = US$ 2
Costo variable unitario	cv = US$ 0,80
Costo fijo (sin intereses)	CF = US$ 60.000
Intereses	I = US$ 12.000

a) Determinar el nivel de ventas en unidades físicas para obtener una utilidad antes de impuestos de US$ 18.000.

b) Determinar el nivel de ventas en unidades físicas para obtener una utilidad neta de US$ 22.500, si la tasa del impuesto a las utilidades es 25%.

$$P.U. = \frac{\text{Costo fijo + Intereses + EBT}}{(p - cv)} = \frac{60.000 + 12.000 + 18.000}{2 - 0,80}$$

P.U. = 75.000 unidades

Para verificar este valor se puede elaborar un estado de resultados:

ESTADO DE RESULTADOS
En dólares americanos

Ventas (75.000 unid. x US$ 2)	150.000
(-) Costo variable (75.000 unid. x US$ 0,80)	60.000
(-) Costo fijo	60.000
Utilidad antes de intereses e impuestos (EBIT)	30.000
(-) Intereses	12.000
Utilidad antes de impuestos (EBT)	18.000

$$E.B.T. = \frac{Utilidad\ neta}{(1 - t_x)} = \frac{22.500}{1 - 0,25} = 30.000$$

$$P.U. = \frac{Costo\ fijo + Intereses + EBT}{(p - cv)} = \frac{60.000 + 12.000 + 30.000}{2 - 0,80}$$

$$P.U. = 85.000\ unidades$$

Para verificar este valor se puede elaborar un estado de resultados.

ESTADO DE RESULTADOS
En dólares americanos

Ventas (85.000 unid. x US$ 2)	170.000
(-) Costo variable (85.000 unid. x US$ 0,80)	68.000
(-) Costo fijo	60.000
Utilidad antes de intereses e impuestos (EBIT)	42.000
(-) Intereses	12.000
Utilidad antes de impuestos (EBT)	30.000
(-) Impuesto a las utilidades (25%)	7.500
Utilidad neta	22.500

Ejemplo 6.8. **Planeación de utilidades**

La empresa Reek S.A. fabrica un producto con un volumen de ventas actual de 40.000 unidades al año con un precio de venta unitario de US$ 6,50. Los costos de producción, gastos de operación y costo financiero son los siguientes:

Materia prima (Costo variable)	US$ 50.000
Mano de obra directa (Costo variable)	US$ 25.000
Gastos indirectos de fabricación (Costo variable)	US$ 36.000
Gastos indirectos de fabricación (Costo fijo)	US$ 64.000
Gastos de administración (Costo fijo)	US$ 30.000
Gastos de comercialización (Costo variable)	US$ 13.800
Gastos de comercialización (Costo fijo)	US$ 5.500
Intereses (Costo fijo)	US$ 6.500

Tasa del impuesto a las utilidades   25%

El balance general de la empresa indica que el total del activo asciende a US$ 290.000 y el patrimonio neto a US$ 202.000.

a) Elaborar el estado de resultados de la situación actual de la empresa en el formato de costeo absorbente.

b) Determinar el punto de equilibrio de la empresa en términos de unidades físicas.

c) Determinar el número de unidades que tendría que vender para obtener una utilidad antes de impuestos del 14% respecto a las ventas.

d) Determinar el número de unidades que tendría que vender para obtener un rendimiento sobre los activos (ROA) del 10%.

e) Determinar el número de unidades que tendría que vender para obtener un rendimiento sobre el capital (ROE) del 16%.

f) Calcular el precio de venta unitario que permita obtener una utilidad neta del 12% respecto a las ventas para un volumen de ventas de 40.000 unidades.

g) La empresa ha realizado un estudio de mercado, donde se determina que si se baja el precio de venta a US$ 6, las ventas se incrementarán a 50.000 unidades. Es recomendable esta disminución de precios?

ESTADO DE RESULTADOS En dólares americanos		Costo Fijo	Costo variable total	Costo variable unitario
Ventas (40.000 unidades x US$ 6,50)	260.000			
(-) Costo de ventas				
Materia prima	50.000		50.000	1,2500
Mano de obra directa	25.000		25.000	0,6250
Gastos indirectos de fabricación	100.000	64.000	36.000	0,9000
Utilidad bruta	85.000			
(-) Gastos de operación				
Gastos de administración	30.000	30.000		
Gastos de comercialización	19.300	5.500	13.800	0,3450
Utilidad antes de intereses e impuestos (EBIT)	35.700			
(-) Intereses	6.500	6.500		
Utilidad antes de impuestos (EBT)	29.200			
(-) Impuesto a las utilidades (25%)	7.300			
Utilidad neta	21.900	106.000	124.800	3,1200

Indicadores de rentabilidad	
Margen de utilidad neta	8,42%
Rendimiento sobre los activos - ROA	7,55%
Rendimiento sobre el capital - ROE	10,84%

Cálculo del punto de equilibrio en unidades físicas

p = 6,50

cv = 124.800 / 40.000 = 3,12

$$PE = \frac{CF}{p - cv} = \frac{106.000}{6,50 - 3,12} = \frac{106.000}{3,38} = 31.361 \quad \text{Unidades}$$

Cálculo del número de unidades para obtener una utilidad antes de impuestos (EBT) del 14% respecto a las ventas.

$$PU = \frac{CF + EBT}{p - cv}$$

$$PU = \frac{CF + 0,14 \times 6,50 \times PU}{p - cv} = \frac{106.000 + 0,91\ PU}{6,50 - 3,12} = \frac{106.000 + 0,91\ PU}{3,38}$$

3,38 PU = 106.000 + 0,91 PU

2,47 PU = 106.000

PU = 42.915 unidades

ESTADO DE RESULTADOS	
En dólares americanos	
Ventas (42.915 unidades x US$ 6,50)	278.948
(-) Costos variables (42.915 unidades x US$ 3,12)	133.895
(-) Costos fijos	106.000
Utilidad antes de impuestos (EBT)	39.053
Utilidad antes de impuestos respecto a las ventas	**14,0%**

Cálculo del número de unidades para obtener un ROA del 10%

$$ROA = \frac{\text{Utilidad neta}}{\text{Activo}}$$

$$0,10 = \frac{\text{Utilidad neta}}{290.000}$$

Utilidad neta = 29.000

$$PU = \frac{CF + \dfrac{\text{Utilidad neta}}{1 - t_x}}{p - cv} = \frac{106.000 + \dfrac{29.000}{0,75}}{6,50 - 3,12} = \frac{144.666,67}{3,38} = 42.801 \quad \text{unidades}$$

Cálculo del número de unidades para obtener un ROE del 16%

$$ROE = \frac{\text{Utilidad neta}}{\text{Patrimonio neto}}$$

$$0,16 = \frac{\text{Utilidad neta}}{202.000}$$

Utilidad neta = 32.320

$$PU = \frac{CF + \dfrac{\text{Utilidad neta}}{1 - t_x}}{p - cv} = \frac{106.000 + \dfrac{32.320}{0,75}}{6,50 - 3,12} = \frac{149.093,33}{3,38} = 44.110 \text{ unidades}$$

Cálculo del precio de venta que permita obtener una utilidad neta del 12% respecto a las ventas

$$PU = \frac{CF + \dfrac{\text{Utilidad neta}}{1 - t_x}}{p - cv}$$

$$40.000 = \frac{106.000 + \dfrac{40.000 \times p \times 0,12}{0,75}}{p - 3,12}$$

$$40.000\, p - 124.800 = 106.000 + 6.400\, p$$

$$33.600\, p = 230.800$$

$$p = 6,87$$

ESTADO DE RESULTADOS	
En dólares americanos	
Ventas (40.000 unidades x US$ 6,87)	274.800
(-) Costos variables (40.000 unidades x US$ 3,12)	124.800
(-) Costos fijos	106.000
Utilidad antes de impuestos (EBT)	44.000
(-) Impuesto a las utilidades (25%)	11.000
Utilidad neta	33.000
Utilidad neta respecto a las ventas	**12,0%**

Reducción del precio de venta a US$ 6 e incremento del volumen de venta a 50.000 unidades

Para establecer si es conveniente la disminución de precios se tendrá que elaborar un estado de resultados.

El estado de resultados en el formato de costeo directo y costeo absorbente se presenta a continuación.

Formato costeo directo

ESTADO DE RESULTADOS En dólares americanos	
Ventas (50.000 unidades x US$ 6,00)	300.000
(-) Costos variables (50.000 x US$ 3,12)	156.000
Margen de contribución	144.000
(-) Costos fijos	106.000
Utilidad antes de impuestos (EBT)	38.000
(-) Impuesto a las utilidades (25%)	9.500
Utilidad neta	28.500

Formato costeo absorbente

ESTADO DE RESULTADOS En dólares americanos	
Ventas (50.000 unidades x US$ 6,00)	300.000
(-) Costo de producción	
Materia prima	62.500
Mano de obra directa	31.250
Gastos indirectos de fabricación	109.000
Utilidad bruta	97.250
(-) Gastos de operación	
Gastos de administración	30.000
Gastos de comercialización	22.750
Utilidad antes de intereses e impuestos (EBIT)	44.500
(-) Intereses	6.500
Utilidad antes de impuestos (EBT)	38.000
(-) Impuesto a las utilidades (25%)	9.500
Utilidad neta	28.500

La reducción de precios sería conveniente porque permitiría incrementar la utilidad neta.

6.5. Punto de equilibrio de varios productos

Para determinar el punto de equilibrio de una empresa que tiene varios productos se utiliza la fórmula del punto de equilibrio en términos del ingreso total y el costo variable total. Una vez determinado el nivel del ingreso de equilibrio se calcula el ingreso por producto considerando la participación de cada producto en las ventas. Posteriormente se divide el ingreso de cada producto entre su precio de venta para determinar el nivel de ventas en unidades físicas de cada producto.

| Ejemplo 6.9. | **Punto de equilibrio de varios productos** |

Se cuenta con la siguiente información de una empresa que fabrica tres productos, de la que se necesita determinar el punto de equilibrio por producto en términos de unidades físicas.

Producto	Cantidad	Precio de venta unitario	Costo variable unitario
Producto A	8.000 Kgr.	2,50	1,00
Producto B	15.000 Lts.	2,00	0,80
Producto C	50.000 Unid	1,00	0,50

Costo fijo total: US$ 82.500.-

En principio se debe calcular el punto de equilibrio global en términos de unidades monetarias, para lo cual se debe calcular el ingreso total y el costo variable total, luego distribuir este nivel de ventas en cada producto según su participación en las ventas. Establecidas las ventas de cada producto se divide entre el precio de venta unitario para determinar la cantidad de equilibrio por producto.

Producto	Cantidad	Precio de venta unitario	Costo variable unitario	Ingreso total	Costo variable total	Participación en ventas
Producto A	8.000	2,50	1,00	20.000	8.000	20%
Producto B	15.000	2,00	0,80	30.000	12.000	30%
Producto C	50.000	1,00	0,50	50.000	25.000	50%
				100.000	45.000	100%

$$P.E. = \frac{C.F.}{1 - CV/IT} = \frac{82.500}{1 - (45.000/100.000)} = 150.000$$

		Ingreso total	Precio de venta	Cantidad
20%	Producto A	30.000	2,50	12.000
30%	Producto B	45.000	2,00	22.500
50%	Producto C	75.000	1,00	75.000
		150.000		

Para verificar estos valores se puede elaborar un estado de resultados.

ESTADO DE RESULTADOS
En dólares americanos

Ventas	
Producto A - 12.000 unid. x US$ 2,50 = 30.000	
Producto B - 22.500 unid. x US$ 2,00 = 45.000	
Producto C - 75.000 unid. x US$ 1,00 = 75.000	150.000
(-) Costo variable	
Producto A - 12.000 unid. x US$ 1,00 = 12.000	
Producto B - 22.500 unid. x US$ 0,80 = 18.000	
Producto C - 75.000 unid. x US$ 0,50 = 37.500	67.500
(-) Costo fijo	82.500
Utilidad neta	0

Ahora, vamos a suponer que la empresa desea determinar el nivel de ventas por producto para obtener una utilidad neta de US$ 20.000 con una mezcla de productos diferentes, el producto A con una participación en las ventas del 10%, el producto B del 20% y el producto C del 70%.

Primero se debe calcular nuevos niveles de venta por producto según su participación en las ventas totales, posteriormente dividir estos valores por los precios unitarios para determinar nuevas cantidades, en base a los cuales se determinan los nuevos costos variables totales por producto y el costo variable total. Con estos valores se calcula el punto de utilidades en términos de unidades monetarias, que luego se distribuye por producto según la participación en ventas requerida, se divide entre el precio de venta de cada producto y se obtiene la cantidad por producto.

Producto	Cantidad	Precio de venta unitario	Costo variable unitario	Ingreso total	Costo variable total	Participación en ventas
Producto A	4.000	2,50	1,00	10.000	4.000	10%
Producto B	10.000	2,00	0,80	20.000	8.000	20%
Producto C	70.000	1,00	0,50	70.000	35.000	70%
				100.000	47.000	100%

$$EBT = \frac{\text{Utilidad neta}}{1 - t_x}$$

$$EBT = \frac{20.000}{1 - 0,25}$$

$$EBT = 26.667$$

$$P.U. = \frac{CF + EBT}{1 - CV/IT} = \frac{82.500 + 26.667}{1 - (47.000/100.000)} = 205.975$$

	Ingreso total	Precio de venta	Cantidad
10% Producto A	20.598	2,50	8.239
20% Producto B	41.195	2,00	20.598
70% Producto C	144.183	1,00	144.183
	205.975		

Para verificar estos valores se puede elaborar un estado de resultados.

ESTADO DE RESULTADOS
En dólares americanos

Ventas		
Producto A - 8.239 unid. x US$ 2,50 = 20.598		
Producto B - 20.598 unid. x US$ 2,00 = 41.195		
Producto C - 144.183 unid. x US$ 1,00 = 144.183	205.975	
(-) Costo variable		
Producto A - 8.239 unid. x US$ 1,00 = 8.239		
Producto B - 20.598 unid. x US$ 0,80 = 16.478		
Producto C - 144.183 unid. x US$ 0,50 = 72.091	96.808	
(-) Costo fijo	82.500	
EBT	26.667	
(-) Impuestos (25%)	6.667	
Utilidad neta	20.000	

Preguntas y problemas

1. **Cálculo de punto de equilibrio contable**

   Los costos fijos de la empresa Ralton Corp. asciende a US$ 80.000, el precio de venta unitario es US$ 5 y los costos variables US$ 2,50 por unidad. La empresa pretende comprar una nueva maquina que tendrá un costo de US$ 320.000, la cual tiene una vida útil de ocho años. La automatización de proceso de producción reducirá los costos variables por unidad en US$ 0,50. Determinar el punto de equilibrio contable en unidades físicas.

2. **Cálculo de punto de equilibrio contable y planeación de utilidades**

   Un proyecto producirá un artículo que se pretende vender a US$ 8 la unidad, su costo variable unitario es US$ 6 y los costos fijos ascienden a US$ 15.000. La tasa del impuesto a las utilidades es 25%.
   a) Determinar el punto de equilibrio contable en unidades físicas.
   b) Determinar el nivel de ventas en unidades físicas para obtener una utilidad neta de US$ 18.000.

3. **Determinación de utilidades y punto de equilibrio contable**

   Hilantex S.A. fabrica un producto con un volumen de ventas de 1.200 unidades al año y un precio de venta de US$ 150. Los costos de producción, gastos de operación y costo financiero son los siguientes:

Costo de producción (Costo variable)	US$ 72.000
Costo de producción (Costo fijo)	US$ 20.000
Gastos de administración (Costo fijo)	US$ 25.000
Gastos de comercialización (Costo fijo)	US$ 15.000
Intereses (Costo fijo)	US$ 4.800

   a) Determinar la utilidad neta y el punto de equilibrio contable en términos de unidades físicas.
   b) Si debido al aumento del 15% en los costos fijos de producción, la gerencia decide subir el precio del producto a US$ 160, cual sería la utilidad neta y el nuevo punto de equilibrio contable?
   c) Si los gastos de administración se reducen en US$ 10.000 y el precio disminuye a US$ 145 cual sería la utilidad neta y el nuevo punto de equilibrio contable?

4. **Planeación de utilidades**

   Un proyecto tiene una capacidad instalada de 6.000 unidades al año, el precio de venta unitario es US$ 170, el costo variable unitario US$ 138 y los costos fijos anuales ascienden a US$ 120.000.
   a) Determinar a que porcentaje de su capacidad instalada alcanza su punto de equilibrio.
   b) Si la tasa del impuesto a las utilidades es 25%, determinar el número de unidades que tendría que vender para obtener una utilidad neta de US$ 24.000. Elaborar el estado de resultados respectivo.
   c) Si los costos variables se incrementan en 12% y el precio de venta aumenta en 10%, cual sería el nuevo punto de equilibrio contable?

5. **Planeación de utilidades**

   La empresa Amazonas S.A. pretende introducir un producto al mercado, el cual tiene un precio de venta unitario de US$ 115, un costo variable unitario de US$ 45 y un costo fijo anual de US$ 350.000.
   a) Determinar la cantidad que debe vender para alcanzar su punto de equilibrio.
   b) Si la empresa desea obtener una utilidad antes de impuestos del 20% respecto a las ventas, determinar que cantidad del producto debe vender.
   c) Si la empresa desea obtener una utilidad neta del 18% respecto a las ventas, determinar la cantidad del producto que debe vender, si la tasa del impuesto a las utilidades es 25%.
   d) Si se encuentra un mercado con una demanda insatisfecha de 5.000 unidades a un precio de venta US$ 122 y otro mercado con una demanda de 6.000 unidades a un precio de US$ 108, que mercado debería elegir?

6. **Planeación de utilidades**

La empresa Gross S.A. ha estimado los siguientes costos de un producto que lanzará al mercado, sobre un volumen de ventas de 50.000 unidades:

Concepto	Costo variable	Costo fijo
Materia prima	180.000	
Mano de obra directa	115.000	
Gastos indirectos de fabricación	55.000	125.000
Gastos de administración		80.000
Gastos de comercialización	100.000	70.000

a) Determinar el número de unidades que debe vender para alcanzar su punto de equilibrio, si el precio de venta unitario es US$ 16.

b) Calcular el precio de venta unitario que permitiría obtener una utilidad neta de 15% respecto a las ventas, si la tasa del impuesto a las utilidades es 25%.

7. **Cálculo del punto de equilibrio contable y planeación de utilidades**

El estado de resultados de un proyecto es el siguiente:

ESTADO DE RESULTADOS En dólares americanos	
Ventas (30.000 unidades a US$ 22)	660.000
(-) Costo variable (30.000 unidades a US$ 8)	240.000
(-) Costo fijo	135.000
(-) Depreciación	120.000
Utilidada antes de intereses e impuestos	165.000
(-) Intereses	125.500
Utilidad antes de impuestos	39.500
(-) Impuesto a las utilidades (25%)	9.875
Utilidad neta	29.625

a) Determinar el punto de equilibrio contable en unidades físicas.

b) Determinar el nivel de ventas en unidades físicas para obtener una utilidad neta de US$ 50.000.

8. **Cálculo del punto de equilibrio contable y planeación de utilidades**

Un proyecto requiere de una inversión fija de US$ 465.000, el cual tiene una vida útil de tres años. Se proyecta ventas de 110.000 unidades por año, un precio unitario de US$ 24, un costo variable unitario de US$ 18 y costos fijos (sin incluir depreciación) de US$ 280.000 por año. La tasa impositiva es 25%.

a) Determinar el punto de equilibrio contable en unidades monetarias.

b) Determinar el nivel de ventas en unidades físicas para obtener una utilidad neta de US$ 100.000.

9. **Punto de equilibrio de varios productos**

Se cuenta con la siguiente información de un proyecto en estudio.

Producto	Cantidad	Precio de venta unitario	Costo variable unitario
Producto A	50.000 Kgr	3,00	2,00
Producto B	25.000 Litros	3,60	2,80
Producto C	20.000 Litros	4,20	3,60

Costo fijo total: US$ 60.000

Determinar el punto de equilibrio contable en unidades físicas por producto.

7 Flujos de caja

En este capítulo veremos como se elaboran los flujos de caja, término con el que nos referimos a los ingresos y egresos de efectivo de una empresa durante un determinado periodo de tiempo.

7.1. Identidad del flujo de caja

Partiendo de la identidad del balance general, sabemos que el activo de una empresa es igual al pasivo más el patrimonio neto. De manera similar la identidad del flujo de caja es la siguiente:

Flujo de caja de los activos = Flujo de caja de los acreedores +
Flujo de caja de los accionistas

Esta identidad afirma que el flujo de caja proveniente de los activos de la empresa es igual al flujo de caja pagado a los proveedores de capital de la empresa, es decir que el efectivo que genera una empresa por medio de sus actividades se usa tanto para pagarles a los acreedores como para pagarles a los propietarios de la empresa.

7.2. Flujo de caja de los activos

El flujo de caja de los activos tiene tres componentes, el flujo de caja de operación, los gastos netos de capital y las variaciones en el capital de trabajo neto, el cual se determina de la siguiente manera:

Flujo de caja de operación (FCO)
(-) Gastos netos de capital
(-) Variaciones en el CTN
Flujo de caja de los activos

A continuación veremos como se determina cada uno de estos componentes.

7.3. Flujo de caja de operación (FCO)

El flujo de caja de operación es el efectivo generado por la actividad principal de la empresa, de producción y venta.

Para determinar el flujo de caja de operación de los ingresos les restamos los costos, pero no incluimos la depreciación porque no es flujo de salida de efectivo y tampoco los intereses porque no son un gasto operativo, pero si tomamos en cuenta los impuestos ya que estos se pagan en efectivo.

El flujo de caja de operación se obtiene a partir del estado de resultados, cuya estructura es la siguiente:

ESTADO DE RESULTADOS
Ventas
(-) Costo de ventas
Utilidad bruta
(-) Gastos de operación
(-) Depreciación
Utilidad antes de intereses e impuestos (EBIT)
(-) Intereses
Utilidad antes de impuestos (EBT)
(-) Impuestos
Utilidad neta

El flujo de caja de operación se determina a partir de la utilidad antes de intereses e impuestos (EBIT), sumando la depreciación y restando los impuestos.

EBIT
(+) Depreciación
(-) Impuestos
Flujo de caja de operación (FCO)

Existen dos formas alternativas de calcular el flujo de caja de operación, que se los denomina enfoque ascendente y enfoque descendente.

Enfoque ascendente
Utilidad neta
(+) Depreciación
(+) Intereses
Flujo de caja de operación (FCO)

Enfoque descendente
Ventas
(-) Costo de ventas y gastos de operación
(-) Impuestos
Flujo de caja de operación (FCO)

7.4. Gastos netos de capital (Inversiones fijas netas)

Los gastos netos de capital o inversiones fijas netas son el dinero invertido en activos fijos menos el dinero recibido por la venta de activos fijos, el cual se determina por la diferencia entre el activo fijo neto final y el activo fijo neto inicial sumando la depreciación.

Activo fijo neto final
(-) Activo fijo neto inicial
(+) Depreciación
Gastos netos de capital

7.5.   Variaciones en el capital de trabajo neto

Una empresa además de invertir en activos fijos debe también invertir en activos circulantes.

La diferencia entre los activos circulantes de la empresa y sus pasivos circulantes recibe el nombre de capital de trabajo neto, el cual lo simbolizaremos por CTN. El capital de trabajo neto es positivo cuando los activos circulantes exceden a los pasivos circulantes, esto significa que el efectivo que estará disponible a lo largo de los doce meses siguientes excede al efectivo que tendrá que pagarse a lo largo del mismo período.

La variación en el CTN se determina por la diferencia entre las cifras del capital de trabajo neto final y el capital de trabajo neto inicial.

Capital de trabajo neto final
(-) Capital de trabajo neto inicial
Variaciones en el CTN

7.6.   Flujo de caja de los acreedores y flujo de caja de los accionistas

Los flujos de caja de los acreedores y los accionistas representan los pagos netos hechos a unos y otros durante el año. Estos flujos se determinan de la siguiente manera:

Intereses
(-) Variaciones deuda a largo plazo
Flujo de caja de los acreedores

Dividendos
(-) Variaciones capital accionario
Flujo de caja de los accionistas

Ejemplo 7.1. **Determinación del flujo de caja de los activos, flujo de caja de los acreedores y flujo de caja de los accionistas**

Se cuenta con la siguiente información de la empresa Golden S.A.:

- Durante el año que acaba de terminar las ventas ascendieron a US$ 75.000, el costo de ventas a US$ 32.000 y los gastos de operación a US$ 8.000.
- La depreciación fue de US$ 18.500 y los intereses de la deuda US$ 2.500.
- La tasa del impuesto a las utilidades es 25%.
- Los dividendos ascendieron a US$ 4.200.
- Los activos fijos netos iniciales fueron de US$ 74.000 y los activos fijos finales US$ 90.000.

- La empresa empezó el año con US$ 262.000 en activos circulantes y US$ 193.000 en pasivos circulantes y las cifras finales correspondientes fueron de US$ 294.000 y US$ 210.000.

- La empresa no emitió acciones durante el año.

En base a esta información determinar el flujo de caja de operación, los gastos netos de capital, las variaciones en el capital de trabajo neto, el flujo de caja de los activos, el flujo de caja de los acreedores y el flujo de caja de los accionistas.

Para determinar los flujos de caja será necesario construir con carácter previo el estado de resultados y un resumen del balance general.

ESTADO DE RESULTADOS Al 31 de diciembre de 2010 En dólares americanos	
Ventas	75.000
(-) Costo de ventas	32.000
(-) Gastos de operación	8.000
(-) Depreciación	18.500
Utilidad antes de intereses e impuestos	16.500
(-) Intereses	2.500
Utilidad antes de impuestos	14.000
(-) Impuestos (25%)	3.500
Utilidad neta	10.500

Dividendos	4.200
Reinversión de utilidades	6.300

RESUMEN DEL BALANCE GENERAL En dólares americanos		
	Inicial	Final
Activo fijo neto	74.000	90.000
Activo circulante	262.000	294.000
Pasivo circulante	193.000	210.000

E.B.I.T.	16.500
(+) Depreciación	18.500
(-) Impuestos	3.500
Flujo de caja operación (FCO)	**31.500**

Utilidad neta	10.500
(+) Depreciación	18.500
(+) Intereses	2.500
Flujo de caja operación (FCO)	**31.500**

Ventas	75.000
(-) Costo de ventas y gastos de operación	40.000
(-) Impuestos	3.500
Flujo de caja operación (FCO)	**31.500**

Dividendos	4.200
(-) Variaciones capital accionario	0
Flujo de caja de los accionistas	**4.200**

Activo fijo neto final	90.000
(-) Activo fijo neto inicial	74.000
(+) Depreciación	18.500
Gastos netos de capital	**34.500**

Capital de trabajo neto final	84.000
(-) Capital de trabajo neto inicial	69.000
Variaciones en el CTN	**15.000**

Flujo de caja de operación (FCO)	31.500
(-) Gastos netos de capital	34.500
(-) Variaciones en el CTN	15.000
Flujo de caja de los activos	**-18.000**

Flujo de caja de los activos = Flujo de caja de los acreedores + Flujo de caja de los accionistas

– 18.000 = Flujo de caja de los acreedores + 4.200

Flujo de caja de los acreedores = -22.200

Flujo de caja de los acreedores = Intereses - Variaciones deuda a largo plazo

Variaciones deuda a largo plazo = Intereses - Flujo de caja de los acreedores

Variaciones deuda a largo plazo = 2.500 + 22.200 = 24.700

7.7. Flujo de caja libre y flujo de caja del accionista

El flujo de caja libre representa el efectivo que la empresa podrá distribuir entre acreedores y accionistas, ya que no lo necesitará para las inversiones en activos fijos o capital de trabajo neto.

El flujo de caja libre se calcula sin considerar el financiamiento de acreedores, es decir como si la empresa no tuviera ninguna deuda y en consecuencia sin costo financiero.

El flujo de caja libre es igual al flujo de caja de operación menos los gastos netos de capital y menos las variaciones en el capital de trabajo neto.

Utilidad antes de intereses e impuestos (E.B.I.T.)
(+) Depreciación
(-) Impuestos (sobre E.B.I.T.)
(-) Gastos netos de capital (Inversiones fijas)
(-) Variaciones en el CTN
Flujo de caja libre (FCL)

El flujo de caja del accionista es el efectivo que la empresa podrá repartir entre los accionistas después de hacer el pago de todos los gastos generados por el proyecto, además del pago de la deuda tanto a capital como a intereses, es decir considerando el financiamiento de los acreedores.

El flujo de caja del accionista puede determinarse de tres maneras diferentes, partiendo ya sea de la utilidad antes de intereses e impuestos, la utilidad neta o las ventas.

Utilidad antes de intereses e impuestos (E.B.I.T.)
(+) Depreciación
(-) Impuestos (sobre E.B.T.)
(-) Gastos netos de capital (Inversiones fijas)
(-) Variaciones CTN
(+) Préstamo
(-) Amortización préstamo
(-) Intereses
Flujo de caja del accionista (FCA)

Utilidad neta
(+) Depreciación
(-) Gastos netos de capital (Inversiones fijas)
(-) Variaciones en el CTN
(+) Préstamo
(-) Amortización préstamo
_____
Flujo de caja del accionista (FCA)

Ventas
(-) Costo de ventas
(-) Gastos de operación
(-) Impuestos (sobre E.B.T.)
(-) Gastos netos de capital (Inversiones fijas)
(-) Variaciones en el CTN
(+) Prestamo
(-) Amortización préstamo
(-) Intereses
_____
Flujo de caja del accionista (FCA)

Ejemplo 7.2. Determinación del flujo de caja libre y flujo de caja del accionista

La empresa Strive S.A. esta estudiando la factibilidad de una nueva línea de productos, cuyo volumen de ventas proyectado es el siguiente:

Concepto	Año 1	Año 2	Año 3	Año 4	Año 5
Volumen de ventas (unidades)	40.000	50.000	60.000	65.000	70.000

- El precio de venta unitario es US$ 10, el costo variable por unidad es US$ 6 y los costos fijos totales ascienden a US$ 28.000 por año.
- La inversión fija se ha estimado en US$ 600.000 y tiene una vida útil de 8 años.
- El capital de trabajo neto al inicio del proyecto es el siguiente: cuentas por cobrar US$ 15.000, inventarios US$ 45.000, cuentas por pagar US$ 20.000.
- Al final de cada año se proyecta que las cuentas por cobrar representarán el 5% de las ventas, los inventarios el 20% de las ventas y las cuentas por pagar el 10% de las ventas.
- El proyecto contempla un préstamo por US$ 200.000 a 5 años plazo, pagos anuales con cuotas fijas a capital, a la tasa de interés del 6% anual.
- La tasa del impuesto a las utilidades es 25%.
- La tasa de inflación es 0%.

Elaborar el estado de resultados proyectado, el flujo de caja libre y el flujo de caja del accionista por los tres enfoques (enfoque EBIT, enfoque ascendente, enfoque descendente).

INFORMACIÓN BÁSICA				
Inversión fija	US$ 600.000.-	Precio de venta unitario	US$	10.-
Capital de trabajo neto inicial	US$ 40.000.-	Costo variable unitario	US$	6.-
Monto del préstamo	US$ 200.000.-	Costo fijo	US$	28.000.-
Plazo	5 años	Tasa impuesto a las utilidades		25%
Tasa de interés anual	6%			

PLAN DE AMORTIZACIÓN
En Dólares americanos

Período (Años)	Saldo préstamo	Capital	Interés	Capital e interés
1	200.000	40.000	12.000	52.000
2	160.000	40.000	9.600	49.600
3	120.000	40.000	7.200	47.200
4	80.000	40.000	4.800	44.800
5	40.000	40.000	2.400	42400
		200.000	36.000	236.000

PRONÓSTICO DE VENTAS
En dólares americanos

Detalle	Año 1	Año 2	Año 3	Año 4	Año 5
Volumen de ventas (unidades)	40.000	50.000	60.000	65.000	70.000
Precio de venta unitario	10	10	10	10	10
INGRESO BRUTO POR VENTAS	**400.000**	**500.000**	**600.000**	**650.000**	**700.000**

COSTO VARIABLE TOTAL
En dólares americanos

Detalle	Año 1	Año 2	Año 3	Año 4	Año 5
Volumen de ventas (unidades)	40.000	50.000	60.000	65.000	70.000
Costo variable unitario	6	6	6	6	6
COSTO VARIABLE TOTAL	**240.000**	**300.000**	**360.000**	**390.000**	**420.000**

REQUERIMIENTO DE CAPITAL DE TRABAJO NETO (CTN)
En dólares americanos

Detalle	Año 0	Año 1	Año 2	Año 3	Año 4	Año 5
Cuentas por cobrar (5%)	15.000	20.000	25.000	30.000	32.500	35.000
Inventarios (20%)	45.000	80.000	100.000	120.000	130.000	140.000
Cuentas por pagar (10%)	20.000	40.000	50.000	60.000	65.000	70.000
CAPITAL DE TRABAJO NETO	40.000	60.000	75.000	90.000	97.500	105.000
VARIACIONES EN EL CTN	**40.000**	**20.000**	**15.000**	**15.000**	**7.500**	**7.500**

ESTADO DE RESULTADOS PROYECTADO
En dólares americanos

Detalle	Año 1	Año 2	Año 3	Año 4	Año 5
Ventas	400.000	500.000	600.000	650.000	700.000
(-) Costos variables	240.000	300.000	360.000	390.000	420.000
(-) Costos fijos	28.000	28.000	28.000	28.000	28.000
(-) Depreciación	75.000	75.000	75.000	75.000	75.000
Utilidad antes de intereses e impuestos (EBIT)	57.000	97.000	137.000	157.000	177.000
(-) Intereses	12.000	9.600	7.200	4.800	2.400
Utilidad antes de impuestos (EBT)	45.000	87.400	129.800	152.200	174.600
(-) Impuestos (25% sobre EBT)	11.250	21.850	32.450	38.050	43.650
Utilidad neta	33.750	65.550	97.350	114.150	130.950

FLUJO DE CAJA LIBRE
En dólares americanos

Detalle	Año 0	Año 1	Año 2	Año 3	Año 4	Año 5
E.B.I.T.		57.000	97.000	137.000	157.000	177.000
(+) Depreciación		75.000	75.000	75.000	75.000	75.000
(-) Impuestos (25% sobre EBIT)		-14.250	-24.250	-34.250	-39.250	-44.250
(-) Inversión fija	-600.000					
(-) Variaciones en el CTN	-40.000	-20.000	-15.000	-15.000	-7.500	-7.500
FLUJO DE CAJA LIBRE	**-640.000**	**97.750**	**132.750**	**162.750**	**185.250**	**200.250**

FLUJO DE CAJA DEL ACCIONISTA
En dólares americanos

Detalle	Año 0	Año 1	Año 2	Año 3	Año 4	Año 5
E.B.I.T.		57.000	97.000	137.000	157.000	177.000
(+) Depreciación		75.000	75.000	75.000	75.000	75.000
(-) Impuestos (25% sobre EBT)		-11.250	-21.850	-32.450	-38.050	-43.650
(-) Inversión fija	-600.000					
(-) Variaciones en el CTN	-40.000	-20.000	-15.000	-15.000	-7.500	-7.500
(+) Préstamo	200.000					
(-) Amortización prestamo		-40.000	-40.000	-40.000	-40.000	-40.000
(-) Intereses		-12.000	-9.600	-7.200	-4.800	-2.400
FLUJO DE CAJA DEL ACCIONISTA	**-440.000**	**48.750**	**85.550**	**117.350**	**141.650**	**158.450**

FLUJO DE CAJA DEL ACCIONISTA
En dólares americanos

Detalle	Año 0	Año 1	Año 2	Año 3	Año 4	Año 5
Utilidad neta		33.750	65.550	97.350	114.150	130.950
(+) Depreciación		75.000	75.000	75.000	75.000	75.000
(-) Inversión fija	-600.000					
(-) Variaciones en el CTN	-40.000	-20.000	-15.000	-15.000	-7.500	-7.500
(+) Préstamo	200.000					
(-) Amortización prestamo		-40.000	-40.000	-40.000	-40.000	-40.000
FLUJO DE CAJA DEL ACCIONISTA	**-440.000**	**48.750**	**85.550**	**117.350**	**141.650**	**158.450**

FLUJO DE CAJA DEL ACCIONISTA
En dólares americanos

Detalle	Año 0	Año 1	Año 2	Año 3	Año 4	Año 5
Ventas		400.000	500.000	600.000	650.000	700.000
(-) Costos variables		-240.000	-300.000	-360.000	-390.000	-420.000
(-) Costos fijos		-28.000	-28.000	-28.000	-28.000	-28.000
(-) Impuestos (25% sobre E.B.T.)		-11.250	-21.850	-32.450	-38.050	-43.650
(-) Inversión fija	-600.000					
(-) Variaciones en el CTN	-40.000	-20.000	-15.000	-15.000	-7.500	-7.500
(+) Préstamo	200.000					
(-) Amortización préstamo		-40.000	-40.000	-40.000	-40.000	-40.000
(-) Intereses		-12.000	-9.600	-7.200	-4.800	-2.400
FLUJO DE CAJA DEL ACCIONISTA	**-440.000**	**48.750**	**85.550**	**117.350**	**141.650**	**158.450**

7.8. Fuentes y usos de fondos

El estado de fuentes y usos de fondos es otra forma de presentar los ingresos y egresos de efectivo, con el objetivo de determinar la capacidad de una empresa para cubrir sus costos, inversiones fijas, capital de trabajo, obligaciones financieras y dividendos.

En este estado los ingresos y egresos de efectivo se dividen en fuentes y usos de fondos. Como fuentes de fondos se considera el ingreso por ventas, los préstamos y los aportes de capital de los socios. Como usos de fondos se considera las inversiones fijas, el capital de trabajo neto, los costos de producción o de ventas, los gastos de operación, los intereses de la deuda, la amortización de la deuda, los impuestos y los dividendos que se pagará a los accionistas.

Ejemplo 7.3. **Fuentes y usos de fondos**

Elaborar el estado de fuentes y usos de fondos del ejemplo 7.2, considerando que se pagará el 60% de la utilidad neta como dividendos.

FUENTES Y USOS DE FONDOS
En dólares americanos

Detalle	Año 0	Año 1	Año 2	Año 3	Año 4	Año 5
FUENTES						
Ventas		400.000	500.000	600.000	650.000	700.000
Préstamo	200.000					
Aporte propio	440.000					
TOTAL FUENTES	**640.000**	**400.000**	**500.000**	**600.000**	**650.000**	**700.000**
USOS						
Inversiones fijas	600.000					
Capital de trabajo neto	40.000	20.000	15.000	15.000	7.500	7.500
Costos variables		240.000	300.000	360.000	390.000	420.000
Costos fijos		28.000	28.000	28.000	28.000	28.000
Intereses		12.000	9.600	7.200	4.800	2.400
Amortización préstamo		40.000	40.000	40.000	40.000	40.000
Impuestos		11.250	21.850	32.450	38.050	43.650
Dividendos		20.250	39.330	58.410	68.490	78.570
TOTAL USOS	**640.000**	**371.500**	**453.780**	**541.060**	**576.840**	**620.120**
EXCEDENTE/DEFICIT	**0**	**28.500**	**46.220**	**58.940**	**73.160**	**79.880**
SALDO ACUMULADO	**0**	**28.500**	**74.720**	**133.660**	**206.820**	**286.700**

Preguntas y problemas

1. **Cálculo del flujo de caja de operación**
   Locust Corp. registra ventas anuales de US$ 83.400, costo de ventas y gastos de operación de US$ 58.200, depreciación por US$ 13.500 e intereses por US$ 2.100. Si la tasa del impuesto a las utilidades es 25%, determinar el flujo de caja de operación.

2. **Cálculo de los gastos netos de capital**
   Los balances generales al 31 de diciembre de 2009 y 2010 de la empresa Farbide S.A. registran activos fijos netos de US$ 235.000 y US$ 256.500, respectivamente. El estado de resultados de la empresa de la gestión 2010 registró una depreciación por US$ 32.700. ¿Cuáles han sido los gastos netos de capital?

3. **Cálculo de las variaciones en el capital de trabajo neto**
   El balance general al 31 de diciembre de 2009 de Neex Corp., registra activos circulantes por US$ 55.800 y pasivos circulantes por US$ 32.200. En la gestión 2010, los activos circulantes fueron de US$ 61.700 y los pasivos circulantes de US$ 31.500. ¿Cuál ha sido el cambio en el capital de trabajo neto de la empresa?

4. **Cálculo del flujo de caja de los acreedores y flujo de caja de los accionistas**
   En el balance general al 31 de diciembre de 2009 de la empresa Slap S.A., se registró una deuda a largo plazo de US$ 530.000 y en el año 2010 de US$ a 580.200. los intereses de la deuda ascendió a US$ 42.700.

   El balance general al 31 de diciembre de 2009 registraba US$ 500.000 en la cuenta de capital social y US$ 515.000 en el año 2010. La empresa pagó US$ 21.000 en dividendos en la gestión 2010.

   a) Determinar el flujo de caja de los acreedores
   b) Determinar el flujo de caja de los accionistas

5. **Cálculo de flujo de caja de los activos, flujo de caja de los acreedores y flujo de caja de los accionistas**
   Citrix S.A. registra la siguiente información en la gestión 2010.

Ventas	US$ 263.600	Intereses	US$ 22.500
Costo de ventas	US$ 161.200	Impuesto a las utilidades	US$ 12.500
Gastos de operación	US$ 12.400	Dividendos	US$ 17.500
Depreciación	US$ 14.500		

   La empresa emitió acciones por US$ 15.000 el año 2010 y amortizó la deuda a largo plazo en US$ 6.000.

   a) Determinar el flujo de caja de operación
   b) Determinar el flujo de caja de los acreedores
   c) Determinar el flujo de caja de los accionistas
   d) Determinar el flujo de caja de los activos

6. **Flujo de caja libre y flujo de caja del accionista**
   La empresa Scare Corp. ha proyectado los siguientes volúmenes de venta para un nuevo producto que lanzará al mercado.

Detalle	Año 1	Año 2	Año 3	Año 4	Año 5
Volumen de ventas (unidades)	100.000	105.000	110.000	120.000	140.000

   - El precio de venta unitario es US$ 3, el costo variable por unidad es US$ 2 y los costos fijos totales ascienden a US$ 45.000 por año.

- El proyecto requiere inversiones en maquinaria y equipo por un valor de US$ 160.000, las cuales tienen una vida útil de 8 años.
- El capital de trabajo neto inicial asciende a US$ 25.000, conformado por cuentas por cobrar por US$ 6.000, inventarios por US$ 24.000 y cuentas por pagar por US$ 5.000.
- Al final de cada año se proyecta que las cuentas por cobrar representarán el 8% de las ventas, los inventarios el 12% de las ventas y las cuentas por pagar el 6% de las ventas.
- Para financiar el proyecto se contempla contraer un préstamo bancario por US$ 40.000 a 5 años plazo, amortizaciones anuales fijas a capital, a la tasa de interés del 12% anual.
- La tasa del impuesto a las utilidades es 25%.

Elaborar el estado de resultados proyectado, el flujo de caja libre, el flujo de caja del accionista y el estado de fuentes y usos de fondos.

8 Fundamentos de matemáticas financieras

En este capítulo estudiaremos el valor del dinero en el tiempo. Empezaremos viendo lo que es el interés compuesto, para luego ver lo que es el valor futuro, el valor presente, las anualidades, tasas de interés efectivas, tasas de interés reales y métodos de amortización de préstamos.

8.1.   Interés compuesto

Interés es la cantidad pagada o recibida por el uso de un capital otorgado en préstamo.

El interés puede ser simple o compuesto. El interés simple es el interés calculado sobre el capital inicial. El interés compuesto es el interés calculado sobre el capital y sobre los intereses. El monto es la suma del capital y los intereses.

Para deducir la fórmula del interés compuesto vamos a considerar un capital **C** otorgado en préstamo a una tasa de interés compuesta de **i** por período. El interés en el primer período que lo simbolizaremos por I_1 y el monto al cabo del primer período que lo simbolizaremos por M_1 serán:

C = Capital inicial

$I_1 = C \times i$
_____

$M_1 = C + C \times i = C(1 + i)$

El interés en el segundo período (I_2) que se calculará en base al monto del primer período y el monto al cabo del segundo período (M_2) serán:

$M_1 = C(1 + i)$

$I_2 = C(1 + i)\, i$
_____

$M_2 = C(1 + i) + C(1+ i)\, i = C(1 + i)(1 + i) = C(1 + i)^2$

El interés en el tercer período (I_3) y el monto al cabo del tercer período (M_3) serán:

$M_2 = C(1 + i)^2$

$I_3 = C(1 + I)^2\, i$
_____

$M_3 = C(1 + i)^2 + C(1 + i)^2\, i = C(1 + i)^2(1 + i) = C(1 + i)^3$

Este razonamiento podemos continuar hasta el período n, obteniendo así la fórmula del monto a interés compuesto:

$$M = C\,(\,1 + i\,)^n$$

La fórmula del interés compuesto es:

$$M = C + I$$
$$I = M - C$$
$$I = C(1 + i)^n - C$$

$$\boxed{I = C[(1 + i)^n - 1]}$$

Ejemplo 8.1. Cálculo del monto a interés compuesto

Hallar el monto de un capital de US$ 5.000 que esta colocado a interés compuesto de 12% anual capitalizable trimestralmente, durante cinco años.

Datos:

C = US$ 5.000

i = 12% anual = 3% trimestral

n = 5 años = 20 trimestres

Solución:

$$M = C(1 + i)^n$$

$$M = 5.000 (1,03)^{20}$$

$$M = 9.030,56$$

Ejemplo 8.2. Cálculo de interés compuesto

Un capital de US$ 12.000 esta colocado al 7% anual capitalizable anualmente, durante cinco años. Hallar el monto al cabo del quinto año y los intereses.

Datos:

C = US$ 12.000

i = 7% anual

n = 5 años

Solución:

$$M = C(1 + i)^n \qquad\qquad I = C[(1 + i)^n - 1]$$

$$M = 12.000 (1 + 0,07)^5 \qquad\qquad I = 12.000 (1,07^5 - 1)$$

$$M = 12.000 (1,07)^5 \qquad\qquad I = 4.830,62$$

$$M = 16.830,62$$

8.2.   Valor futuro

El valor futuro es el monto que llegará un capital a lo largo de algún tiempo, a una tasa de interés compuesta.

Si simbolizamos al valor futuro por **VF** y el valor presente por **VP**, la formula del valor futuro de una cantidad única al cabo de **n** periodos a la tasa de interés **i** es la siguiente:

$$\boxed{VF = VP(1 + i)^n}$$

Esta formula es la misma del monto de un capital a interés compuesto.

Cuando existe una serie de flujos de efectivo existen dos formas de calcular el valor futuro:

a) Capitalizando el saldo acumulado.

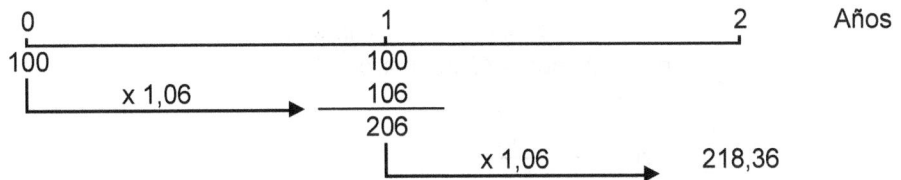

b) Calculando el valor futuro de cada flujo de efectivo y sumando los resultados.

Ejemplo 8.3. Valor futuro de una cantidad única

Se deposita US$ 10.000 en una cuenta que paga un interés del 6% anual capitalizable trimestralmente. Que monto tendrá en la cuenta después de cinco años?

Datos:

VP = US$ 10.000

i   = 6% anual = 1,5% Trimestral

n = 5 años = 20 trimestres

Solución:

$VF = VP(1+i)^n$

$VF = 10.000(1+0,015)^{20}$

$VF = 10.000(1,015)^{20}$

$VF = 13.468,55$

Ejemplo 8.4. Valor futuro de una serie de flujos

Se deposita hoy US$ 100 en una cuenta bancaria que paga un interés del 6% anual. En un año deposita otros US$ 100. Que cantidad tendrá dentro de dos años?

Determinar el valor futuro, capitalizando el saldo acumulado y calculando el valor futuro de cada flujo de efectivo.

Para calcular el valor futuro es útil graficar una línea de tiempo.

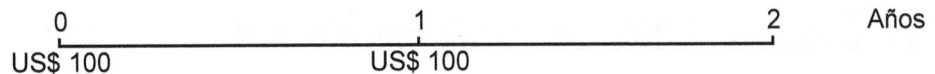

```
0                    1                    2      Años
|--------------------|--------------------|
US$ 100              US$ 100
```

a) Capitalizando el saldo acumulado

```
0                    1                    2      Años
|--------------------|--------------------|
100                  100
|___ x 1,06 ___>     106
                     206
                       |___ x 1,06 ___>  218,36
```

b) Calculando el valor futuro de cada flujo de efectivo

$100 \times 1,06^2 =$ 112,36

$100 \times 1,06 =$ 106,00

218,36

| Ejemplo 8.5. | **Valor futuro de una serie de flujos** |

Se deposita US$ 1.000 al final de cada uno de los cinco años siguientes en una cuenta bancaria que paga el 8% de interés. Determinar el valor al cabo del quinto año.
Esta situación se representa gráficamente de la siguiente manera:

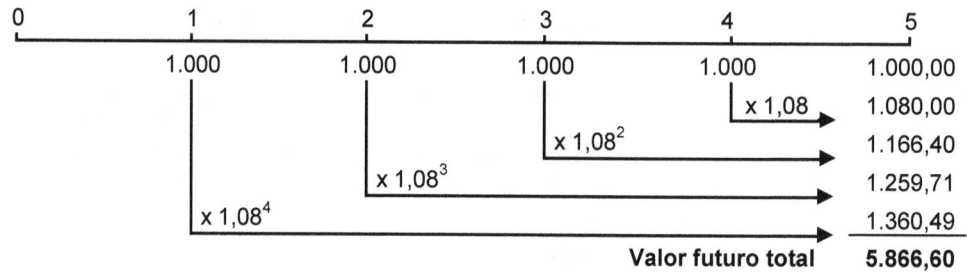

```
0           1           2           3           4           5
|_____|_____|_____|_____|_____|
          1.000       1.000       1.000       1.000       1.000,00
                                              x 1,08        1.080,00
                                      x 1,08²               1.166,40
                              x 1,08³                       1.259,71
                    x 1,08⁴                                 1.360,49
                                        Valor futuro total  5.866,60
```

El cálculo mediante formula se realiza de la siguiente manera:

$$VF = (1.000 \times 1,08^4) + (1.000 \times 1,08^3) + (1.000 \times 1,08^2) + (1.000 \times 1,08) + 1.000 = 5.866,60$$

8.3. Valor presente

El valor presente es el valor actual de un monto que se recibirá en el futuro, considerando una tasa de interés compuesta denominada tasa de descuento. La formula del valor presente se determina a partir de la formula del valor futuro.

$$VF = VP \, (1 + i)^n$$

$$VP = \frac{VF}{(1 + i)^n}$$

| Ejemplo 8.6. | **Valor presente de una cantidad única** |

Cuanto hay que invertir ahora al 4,6% anual capitalizable trimestralmente, para tener US$ 15.000 dentro de 10 años?
Datos:
VF = US$ 15.000
i = 4,6% anual = 1,15% Trimestral
n = 10 años = 40 trimestres
Solución:

$$VP = \frac{VF}{(1 + i)^n}$$

$$VP = \frac{15.000}{1,0115^{40}}$$

$$VP = 9.494,14$$

Ejemplo 8.7. **Valor presente de una serie de flujos**

Se tiene una inversión que pagará US$ 5.000 al final de cada año durante cinco años. Determinar el valor de esta inversión, considerando una tasa de interés del 7%.

Esta situación se representa gráficamente de la siguiente manera:

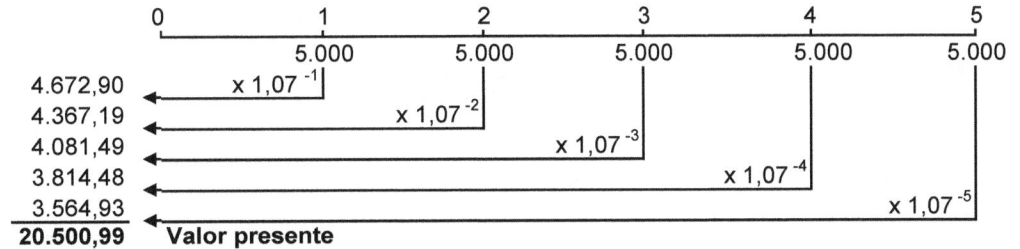

Mediante formula se determina de la siguiente manera:

$$VP = \frac{5.000}{1,07} + \frac{5.000}{(1,07)^2} + \frac{5.000}{(1,07)^3} + \frac{5.000}{(1,07)^4} + \frac{5.000}{(1,07)^5} = 20.500,99$$

8.4. Anualidades

Una anualidad es una serie de flujos iguales o constantes a intervalos de tiempo iguales por un número fijo de períodos. Existen anualidades vencidas, anticipadas y diferidas.

Anualidades vencidas

Una anualidad vencida o denominada también anualidad ordinaria o regular es una serie de flujos constantes que ocurren al final de cada período.

Si simbolizamos con **A** el flujo de efectivo constante y con **n** el número de periodos, la representación gráfica de una anualidad vencida es la siguiente:

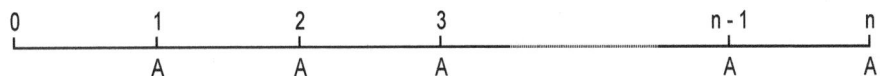

La formula del valor futuro de una anualidad vencida es la siguiente:

$$VF = A\, \frac{(1+i)^n - 1}{i}$$

Donde **i** es el rendimiento. Esta formula ha sido obtenida sumando el valor futuro de cada flujo de efectivo y aplicando la formula de la suma de progresiones geométricas.

Ejemplo 8.8. **Valor futuro de una anualidad vencida**

Una persona desea aportar US$ 1.000 cada año en una cuenta bancaria que paga un interés del 6% anual. Que monto tendrá al cabo de veinte años?

Datos:

A = US$ 1.000

i = 6% anual

n = 20 años

Solución:

$$VF = A \frac{(1+i)^n - 1}{i}$$

$$VF = 1.000 \frac{(1,06)^{20} - 1}{0,06}$$

$$VF = 36.785,59$$

La formula del valor presente de una anualidad vencida se obtiene a partir de la relación del valor presente y el valor futuro de una cantidad única, según se indica a continuación:

$$VF = A \frac{(1+i)^n - 1}{i} \qquad\qquad (1)$$

$$VP = VF (1+i)^{-n} \qquad\qquad (2)$$

$$VP = A \frac{(1+i)^n - 1}{i} (1+i)^{-n} \qquad (1) \text{ en } (2)$$

$$\boxed{VP = A \frac{1-(1+i)^{-n}}{i}}$$

Ejemplo 8.9. **Valor presente de una anualidad vencida**

Una inversión ofrece pagar US$ 8.000 al final de cada uno de los tres años siguientes. Si consideramos una tasa del 12%, cual sería el valor de esta inversión?

Datos:

A = US$ 8.000

n = 3 años

i = 12% anual

Solución:

$$VP = A \frac{1-(1+i)^{-n}}{i}$$

$$VP = 8.000 \frac{1-(1,12)^{-3}}{0,12}$$

$$VP = 8.000 \times 2,40183127$$

$$VP = 19.214,65$$

Anualidades anticipadas

En una anualidad vencida, los flujos de efectivo ocurren al final de cada período, por ejemplo cuando se contrae un préstamo con pagos mensuales, el primer pago se efectúa un mes después del desembolso.

En una anualidad anticipada denominada también anualidad adelantada o inmediata, los flujos de efectivo ocurren al inicio de cada período. Por ejemplo, cuando se alquila un departamento los pagos se efectúa al inicio del mes.

Para hallar el valor presente o el valor futuro de una anualidad anticipada multiplicamos el valor de una anualidad vencida por (1 + i), de manera que las fórmulas del valor futuro y valor presente son las siguientes:

Valor anualidad anticipada = Valor anualidad vencida x (1 + i)

$$VF = A \frac{(1+i)^n - 1}{i} (1+i)$$

$$VP = A \frac{1-(1+i)^{-n}}{i} (1+i)$$

Ejemplo 8.10.   **Valor presente de anualidad anticipada**

Un contrato contempla cinco pagos anuales de US$ 2.000 cada uno al principio de cada año. Si la tasa de interés es 9% anual, cual será el valor presente de estos pagos?

Datos:
A = US$ 2.000
i = 9% anual
n = 5 años

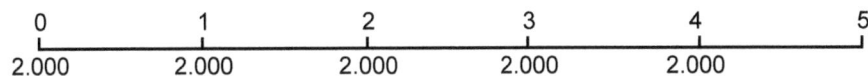

Solución:

$$VP = A \frac{1-(1+i)^{-n}}{i} (1+i)$$

$$VP = 2.000 \frac{1-(1,09)^{-5}}{0,09} 1,09$$

$$VP = 8.479,44$$

Ejemplo 8.11.   **Valor futuro de anualidad anticipada**

Una persona deposita US$ 3.000 al principio de cada bimestre durante dos años en una entidad bancaria que paga interés compuesto de 12% anual, capitalizable bimestralmente. Hallar cuanto tiene en el banco a) Al cabo de dos años b) Al cabo de tres años.

Datos:
A = US$ 3.000
n = 2 años = 12 bimestres
i = 12% anual = 2% bimestral

Solución:

Al cabo de 2 años:

$$VF = A \frac{(1+i)^n - 1}{i}(1+i)$$

$$VF = 3.000 \frac{(1,02)^{12} - 1}{0,02} 1,02$$

$$VF = 41.040,99$$

Al cabo de 3 años:

$$VF = VP(1+i)^n$$

$$VF = 41.040,99 \times 1,02^6$$

$$VF = 46.218,82$$

Anualidades diferidas

Una anualidad diferida es una serie de flujos iguales o constantes por un número fijo de períodos, cuyo plazo comienza después de transcurrido cierto periodo de tiempo.

Ejemplo 8.12. # Valor presente de anualidad diferida

Los flujos de efectivo proyectados de una inversión se estiman en US$ 20.000 por año al final de los años 4, 5, 6, 7, 8. Si el rendimiento requerido es 15% anual, cual es el valor presente de estos flujos de efectivo?

Datos:
A = US$ 20.000
i = 15% anual

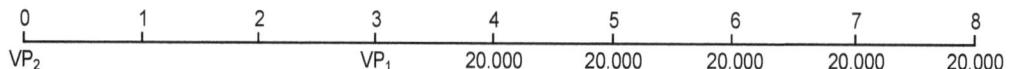

Solución:

$$VP_1 = A \frac{1 - (1+i)^{-n}}{i}$$

$$VP_1 = 20.000 \frac{1 - (1,15)^{-5}}{0,15}$$

$$VP_1 = 67.043,10$$

$$VP_2 = \frac{VP_1}{1,15^3}$$

$$VP_2 = \frac{67.043,10}{1,15^3}$$

$$VP_2 = 44.081,93$$

8.5. Tasas de interés efectivas

Las tasas de interés que hemos estado utilizando hasta ahora son tasas de interés nominales, es decir son tasas sin considerar la capitalización de intereses.

La tasa de interés efectiva es la tasa que realmente se ha pagado o ganado en el período, es decir considera la capitalización de intereses.

La tasa de interés efectiva anual de US$ 1 a la tasa de interés nominal de i_n con **m** capitalizaciones en el año es:

$$i_e = \left(1 + \frac{i_n}{m} \right)^m - 1$$

La tasa de interés efectiva será mayor en la medida que exista más capitalizaciones al año. Por ejemplo si la tasa de interés nominal es 10% anual y la capitalización es anual la tasa de interés efectiva será también 10%. Si la capitalización es semestral, la tasa de interés efectiva será 10,25%. Si la capitalización es trimestral, la tasa de interés efectiva será 10,38%. Estas tasas efectivas se determinan de la siguiente manera:

$$i_e = \left(1 + \frac{0,10}{1} \right)^1 - 1 = 10,00\%$$

$$i_e = \left(1 + \frac{0,10}{2} \right)^2 - 1 = 10,25\%$$

$$i_e = \left(1 + \frac{0,10}{4} \right)^4 - 1 = 10,38\%$$

En el caso de la capitalización semestral, la operación ganará 5% semestral sobre el capital en los primeros seis meses y 5% semestral en los siguientes seis meses sobre el capital mas los intereses ganados en el primer semestre.

Ejemplo 8.13. Tasas de interés efectivas

Existen tres opciones para constituir un depósito en caja de ahorros.
La entidad bancaria A ofrece una tasa de 15% capitalizable anualmente.
La entidad bancaria B ofrece una tasa de 14,5% capitalizable trimestralmente
La entidad bancaria C ofrece una tasa de 14% capitalizable mensualmente.
Cual será la alternativa mas conveniente?
Para ver cual es la mejor alternativa debemos determinar las tasas de interés efectivas.

$$i_e = \left(1 + \frac{0,15}{1} \right)^1 - 1 = 15,00\%$$

$$i_e = \left(1 + \frac{0,145}{4} \right)^4 - 1 = 15,31\%$$

$$i_e = \left(1 + \frac{0,14}{12} \right)^{12} - 1 = 14,93\%$$

La alternativa más conveniente es la entidad bancaria B.

8.6.   Tasas de interés reales

Las tasas de interés que hemos visto hasta ahora son tasas de interés nominales. Las tasas de interés reales son tasas en términos del poder adquisitivo del dinero, es decir son tasas que han sido ajustadas por la inflación.

La relación entre la tasa de interés nominal y la tasa de interés real es la siguiente:

(1 + Tasa interés nominal) = (1 + Tasa interés real) x (1 + Tasa inflación)

$$(1 + i_n) = (1 + i_r) (1 + h)$$

Donde:

i_n = Tasa de interés nominal

i_r = Tasa de interés real

h = Tasa de inflación

Esta relación se la conoce como efecto Fisher, en honor al economista Irving Fisher.

Ejemplo 8.14.   Tasa de interés nominal y real

Para ilustrar el concepto de tasa de interés real vamos a suponer que actualmente se dispone de un capital por US$ 1.000, que el precio de un determinado producto es de US$ 50, que la tasa de interés nominal es 14,4% y que la tasa de inflación es 4%.

Datos:

Tasa de interés nominal: i_n = 14,4%

Tasa de inflación: h = 4%

Monto inversión: C = US$ 1.000

Monto de la inversión al cabo de un año: C + I = US$ 1.144

Precio inicial del producto: US$ 50

Gráficamente esta situación se la puede representar de la siguiente manera:

C = US$ 1.000	i_n = 14,4%	C + I = US$ 1.144
Año 0		**Año 1**
Precio = US$ 50	h = 4%	Precio = US$ 52
20 unidades	i_r = 22/20 - 1 = 10%	22 unidades

Con US$ 1.000 actualmente podemos comprar 20 unidades del producto en cuestión.

Con la tasa de interés del 14,4% anual al cabo de un año el capital e intereses ascenderá a US$ 1.144.

Como la tasa de inflación es 4%, al cabo de un año el producto tendrá un precio de US$ 50 x 1,04 = US$ 52.

Al cabo de un año, con el monto de US$ 1.144 se podrá comprar 1.144 / 52 = 22 unidades del producto.

Medida en términos de número de productos, el rendimiento de esta inversión será:

(22 / 20) − 1 = 10%.

Este rendimiento de 10% es la tasa de interés real.

Calculo de la tasa de interés real mediante el efecto Fisher:

$$(1 + i_n) = (1 + i_r) \times (1 + h)$$

$$1 + 0{,}1440 = (1 + i_r) \times (1 + 0{,}04)$$

$$1 + i_r = (1{,}1440 / 1{,}04)$$

$$1 + i_r = 1{,}10$$

$$i_r = 10\%$$

8.7. Métodos de amortización de préstamos

Amortizar es cancelar una deuda con sus intereses mediante pagos periódicos, que pueden ser iguales o diferentes.

Los métodos de amortización mas utilizados son la amortización fija a capital y la amortización fija a capital e intereses.

Amortización fija a capital

Considera una cuota fija a capital en cada período e intereses sobre el saldo del préstamo, siendo la cuota a capital e intereses decreciente. La cuota fija a capital se obtiene dividiendo el monto del préstamo entre el plazo expresado en términos del periodo de pago.

Amortización fija a capital e intereses

Considera una cuota fija a capital e intereses en todos los períodos, siendo la amortización a capital creciente y los intereses decrecientes. Para el cálculo de la cuota se utiliza la fórmula de las anualidades vencidas.

Ejemplo 8.15. Plan de amortización de préstamos

Se ha contratado un préstamo por US$ 10.000 a cinco años plazo, pagos anuales a la tasa de interés del 8% anual.

Elaborar el plan de amortización del préstamo con cuota fija a capital y con cuota fija a capital e intereses.

Un plan de amortización se lo puede exponer de varias maneras. El que presentamos a continuación considera el saldo del préstamo al principio del período.

Datos:

Monto préstamo:	US$ 10.000
Plazo:	5 años
Tasa de interés:	8% anual
Amortización:	Anual

a) Amortización fija a capital

PLAN DE AMORTIZACIÓN
En dólares americanos

Período (Años)	Saldo préstamo	Capital	Interés	Capital e interés
1	10.000,00	2.000,00	800,00	2.800,00
2	8.000,00	2.000,00	640,00	2.640,00
3	6.000,00	2.000,00	480,00	2.480,00
4	4.000,00	2.000,00	320,00	2.320,00
5	2.000,00	2.000,00	160,00	2.160,00
		10.000,00	2.400,00	12.400,00

Para elaborar el plan de amortización primero se determina la cuota a capital, dividiendo el monto del préstamo entre el plazo del préstamo expresado en términos del periodo de pago del préstamo, según sea anual, semestral, trimestral u otro. El saldo del préstamo de cada período se calcula restando la amortización a capital del período anterior. Los intereses se calculan sobre el saldo del préstamo de cada período. La última columna es la suma de la amortización a capital y los intereses de cada periodo.

b) Amortización fija a capital e intereses

$$VP = A \frac{1 - (1 + i)^{-n}}{i}$$

$$10.000 = A \frac{1 - (1,08)^{-5}}{0,08}$$

$$A = \frac{10.000}{3,992710037}$$

$$A = 2.504,56$$

PLAN DE AMORTIZACIÓN
En dólares americanos

Período (Años)	Saldo préstamo	Capital	Interés	Capital e interés
1	10.000,00	1.704,56	800,00	2.504,56
2	8.295,44	1.840,93	663,63	2.504,56
3	6.454,51	1.988,20	516,36	2.504,56
4	4.466,30	2.147,26	357,30	2.504,56
5	2.319,04	2.319,04	185,52	2.504,56
		10.000,00	2.522,82	12.522,82

Para elaborar el plan de pagos primero se determina la cuota fija a capital e intereses utilizando la formula de anualidades vencidas, monto que se consigna en la última columna de la tabla. A continuación se calcula el interés del primer periodo y por diferencia a la cuota fija a capital e intereses se determina el monto que corresponde a capital. El monto a capital así calculado se deduce del saldo del préstamo para determinar el saldo del préstamo del siguiente periodo, en base al cual se determina el interés del período y así sucesivamente.

Ejemplo 8.16. ## Plan de amortización de préstamos con período de gracia

Un préstamo por US$ 10.000 ha sido pactado a un plazo de cinco años, un año de gracia, amortizaciones anuales, a la tasa de interés del 8% anual.

Elaborar el plan de amortización del préstamo con cuota fija a capital y con cuota fija a capital e intereses.

Período de gracia es el período en que no se amortiza a capital pero si se paga los intereses.

Datos:

Monto préstamo: US$ 10.000
Plazo: 5 años
Período de gracia: 1 año
Tasa de interés: 8% anual
Amortización: Anual

a) Amortización fija a capital

PLAN DE AMORTIZACIÓN
En dólares americanos

Período (Años)	Saldo préstamo	Capital	Interés	Capital e interés
1	10.000,00	0,00	800,00	800,00
2	10.000,00	2.500,00	800,00	3.300,00
3	7.500,00	2.500,00	600,00	3.100,00
4	5.000,00	2.500,00	400,00	2.900,00
5	2.500,00	2.500,00	200,00	2.700,00
		10.000,00	2.800,00	12.800,00

Para elaborar el plan de amortización primero se determina la cuota a capital, dividiendo el monto del préstamo entre el plazo del préstamo menos el período de gracia expresado en términos del período de pago, en este caso anual. El primer año la amortización a capital será cero. El saldo del préstamo se calcula restando la amortización a capital del período anterior. Los intereses se calculan sobre el saldo del préstamo de cada período. La última columna es la suma de la amortización a capital y los intereses de cada periodo.

b) Amortización fija a capital e intereses

$$VP = A \frac{1 - (1 + i)^{-n}}{i}$$

$$10.000 = A \frac{1 - (1,08)^{-4}}{0,08}$$

$$A = \frac{10.000}{3,31212684}$$

$$A = 3.019,21$$

PLAN DE AMORTIZACIÓN
En dólares americanos

Período (Años)	Saldo préstamo	Capital	Interés	Capital e interés
1	10.000,00	0,00	800,00	800,00
2	10.000,00	2.219,21	800,00	3.019,21
3	7.780,79	2.396,74	622,46	3.019,21
4	5.384,05	2.588,48	430,72	3.019,21
5	2.795,56	2.795,56	223,65	3.019,21
		10.000,00	2.876,83	12.876,83

Para elaborar el plan de pagos primero se determina la cuota fija a capital e intereses utilizando la formula de anualidades vencidas. El valor de **n** será igual al plazo del préstamo menos el período de gracia expresado en términos del periodo de pago, en este caso anual, monto que se consigna en la última columna de la tabla. A continuación se calcula el interés del primer periodo y por diferencia a la cuota fija a capital e intereses se determina el monto que corresponde a capital. En el presente caso el primer año la amortización a capital será cero. El saldo del préstamo de cada período se determina restando la amortización a capital del período anterior. Los intereses se calculan sobre el saldo del préstamo.

Preguntas y problemas

1. Que se entiende por valor futuro?

2. Que se entiende por valor presente?

3. Defina que es una anualidad vencida, una anualidad anticipada y una anualidad diferida.

4. Que se entiende por tasa de interés nominal y tasa de interés efectiva?

5. Que se entiende por tasa de interés real?

6. **Cálculo de monto a interés compuesto**
   Hallar el monto a interés compuesto de:
   a) Un capital de US$ 10.000 al 5% anual capitalizable semestralmente en 8 años.
   b) Un capital de US$ 15.000 al 7% anual capitalizable trimestralmente en 4 años.
   c) Un capital de US$ 21.000 al 9% anual capitalizable mensualmente en 2 años

7. **Cálculo del valor futuro**
   Si se invierte hoy US$ 15.000, ¿Cuánto se tendrá en ocho años a la tasa de interés del 14% anual capitalizable trimestralmente?

8. **Cálculo del valor presente**
   Cuanto se tendría que invertir hoy para recibir US$ 15.000 en doce años a la tasa de interés del 12% anual capitalizable semestralmente?

9. **Cálculo del valor futuro**
   Determinar el valor futuro de los siguientes valores:

Valor presente	Tasa de interés	Tiempo (años)	Capitalización	Valor futuro
10.200	18%	15	Anual	
45.500	12%	8	Trimestral	
72.800	8%	5	Mensual	

10. Cálculo del valor presente

Nookie Corp. esta evaluando una inversión con los siguientes flujos de efectivo. Si la tasa de descuento es 8%, ¿Cuál será el valor de esta inversión?

Año 1	Año 2	Año 3	Año 4
12.000	9.000	15.000	18.000

11. Cálculo del valor futuro

Durex S.A. esta evaluando una inversión con los siguientes flujos de efectivo. Si la tasa de descuento es 8% anual, ¿Cuál será el valor de estos flujos de efectivo en el cuarto año?

Año 1	Año 2	Año 3	Año 4
7.500	9.000	10.500	12.000

12. Cálculo del valor futuro

El Banco de Crédito S.A. ofrece 4,5% anual capitalizable diariamente sobre una cuenta de ahorros. Si una persona deposita US$ 5.000 hoy, que cantidad tendrá en su cuenta dentro de cinco años?

13. Cálculo del valor presente de una anualidad vencida

Una inversión ofrece US$ 1.800 anuales durante doce años, pagaderos a final de año. Si el rendimiento requerido es 8% anual, ¿Cuál será el valor de esta inversión?

14. Cálculo del valor futuro de una anualidad vencida

Si deposita US$ 2.500 al final de cada uno de los diez años siguientes en una cuenta bancaria que paga 7,5% de interés, que monto tendrá en la cuenta dentro de diez años?

15. Cálculo del valor futuro y valor presente de una anualidad anticipada

Una persona deposita US$ 2.500 al principio de cada trimestre durante dos años y medio en una cuenta de ahorro, siendo la tasa de interés del 12% anual capitalizable trimestralmente.
a) Calcular el valor futuro de la anualidad al cabo de dos años y medio.
b) Calcular el valor presente de la anualidad.

16. Valor presente y valor futuro de una anualidad diferida

El periodo de construcción de un proyecto es de dos años, a partir del cual funcionará por diez años. Se estima que los flujos de efectivo serán de US$ 3.000 por mes. Hallar con la tasa de interés del 9% anual capitalizable mensualmente, el valor presente y el valor futuro de los flujos de efectivo.

17. Cálculo de tasa de interés real

Una inversión ofrece un rendimiento del 18% anual para el próximo año. Si se estima que la tasa de inflación será del 5%, cual será el rendimiento real de esta inversión?

18. Cálculo de tasas de interés efectivas

En cada uno de los siguientes casos, encuentre la tasa de interés efectiva.

Tasa de interés nominal	Capitalización	Tasa de interes efectiva
9%	Semestral	
10%	Trimestral	
8%	Diaria	

19. Plan de amortización con cuotas fijas a capital

Elaborar el plan de amortización de un préstamo de US$ 30.000 a tres años plazo, pagos semestrales, a una tasa de interés del 12% anual, con cuotas fijas a capital.

20. Plan de amortización con cuotas fijas a capital e intereses

Una persona solicita un préstamo por US$ 80.000, el cual se va a amortizar mediante cuotas fijas a capital e intereses anuales durante cinco años. La tasa de interés del préstamo es 11% anual. Elaborar el plan de amortización del préstamo.

21. Plan de amortización con cuota fija a capital, con periodo de gracia

Elaborar el plan de amortización de un préstamo por un monto de US$ 21.000 pactado a cuatro años plazo, un año de gracia, pagos semestrales, a la tasa de interés del 11% anual, con amortización fija a capital.

22. Plan de amortización con cuota fija a capital e intereses, con periodo de gracia

Elaborar el plan de amortización de un préstamo por un monto de US$ 18.000 concedido a cinco años plazo, un año de gracia, pagos semestrales, a la tasa de interés del 14% anual, con amortizaciones fijas a capital e interés.

9 Criterios de evaluación de proyectos

En este capítulo expondremos los criterios que se pueden utilizar para evaluar proyectos de inversión.

En la evaluación financiera de un proyecto se trata de determinar si una inversión valdrá más, una vez que esta en operación, de lo que cuesta, es decir si se crea valor para la empresa o para el accionista.

Los criterios de evaluación de proyectos más importantes son el valor actual neto, el periodo de recuperación de la inversión, el periodo de recuperación descontado, la tasa interna de retorno y el índice de rentabilidad.

9.1. Valor actual neto (VAN)

El valor actual neto (VAN) es una medida de la cantidad de valor que se crea o añade como resultado de realizar una inversión.

El valor actual neto es un indicador de la rentabilidad de un proyecto, que señala cuanto de valor se crearía por sobre el rendimiento que se le exige al proyecto, después de recuperada la inversión.

El valor actual neto se determina por diferencia entre el valor presente de los flujos de caja futuros y el monto de la inversión, lo cual se lo expresa de la siguiente manera:

$$VAN = -\ I\ + \frac{FC_1}{(1+i)} + \frac{FC_2}{(1+i)^2} + \ldots\ldots + \frac{FC_n}{(1+i)^n}$$

Donde:

I	Inversión
FC_1	Flujo de caja en el año 1
FC_2	Flujo de caja en el año 2
FC_n	Flujo de caja en el año n
i	Rendimiento requerido

La regla del valor actual neto para la toma de decisiones es la siguiente:

> Un proyecto debe ser aceptado si su valor actual neto es positivo y debe ser rechazado si es negativo.

Ejemplo 9.1. Cálculo del valor actual neto

Se debe decidir si un nuevo producto debe ser lanzado al mercado.

Se espera que los flujos de caja a lo largo de los cinco años del proyecto sea de US$ 5.000 en los primeros tres años, US$ 7.000 en el cuarto año y US$ 10.000 el último año.

Se requerirá de una inversión de US$ 20.000 para llevar a cabo el proyecto.

El rendimiento requerido para evaluar nuevos proyectos es 12%.

0	1	2	3	4	5
-20.000	5.000	5.000	5.000	7.000	10.000

$$VAN = -20.000 + \frac{5.000}{1,12} + \frac{5.000}{(1,12)^2} + \frac{5.000}{(1,12)^3} + \frac{7.000}{(1,12)^4} + \frac{10.000}{(1,12)^5}$$

$$VAN = 2.132$$

Este resultado indica que el proyecto permitirá recuperar la inversión inicial de US$ 20.000, obtener el rendimiento requerido del 12% y adicionalmente obtener un valor presente de US$ 2.132.

El proyecto debería llevarse a cabo porque el VAN es mayor a cero.

9.2.   Periodo de recuperación de la inversión (PRI)

El periodo de recuperación de la inversión (PRI) es el período o número de años que se requiere para que un proyecto genere flujos de caja suficientes para recuperar la inversión inicial.

El periodo de recuperación de la inversión se calcula sumando los flujos de caja proyectados hasta alcanzar el monto de la inversión inicial.

La regla del período de recuperación de la inversión para la toma de decisiones es la siguiente:

> Un proyecto es aceptable si el período de recuperación de la inversión es inferior al número de años previamente especificados.

La aplicación de la regla del PRI resulta sencilla. Se selecciona un punto de corte, por ejemplo tres años y se acepta todos los proyectos que tengan un PRI de tres años o menos. Todos aquellos que se recuperen en más de tres años son rechazados.

Ejemplo 9.2. Cálculo del PRI

Un proyecto requiere de una inversión inicial de US$ 5.000, que tiene el siguiente flujo de caja:

	Año 1	Año 2	Año 3
Flujo de caja	1.000	2.000	4.000

Determinar el periodo de recuperación de la inversión.

La inversión inicial asciende a US$ 5.000. En los dos primeros años los flujos de caja suman un total de US$ 3.000. Necesitamos recuperar US$ 2.000 en el tercer año. El flujo de caja del tercer año es US$ 4.000, por lo que tendremos que esperar 2.000 / 4.000 = 0,50 años. Por tanto el periodo de recuperación de la inversión es 2,5 años.

Este resultado también se obtiene determinando el flujo de caja acumulado:

	Año 0	Año 1	Año 2	Año 3
Flujo de caja	-5.000	1.000	2.000	4.000
Flujo de caja acumulado	-5.000	-4.000	-2.000	

PRI = 2 + (2.000 / 4.000) = 2,5 años

El período de recuperación de la inversión tiene varias deficiencias:

- No descuenta los flujos de caja, por lo que ignora el valor del dinero en el tiempo.
- No considera el riesgo. El PRI se calcula de la misma manera tanto para proyectos riesgosos como para proyectos menos riesgosos.
- No existe un fundamento económico o una guía que nos indique cómo debemos seleccionar el período de corte.
- Los flujos de caja después del período de corte se ignoran por completo.

Debido a que esta regla es tan sencilla, las empresas la utilizan con frecuencia como un método de selección para tomar decisiones de inversiones pequeñas.

En el ejemplo 9.3 se expone un caso en el cual la aplicación del criterio del PRI es inconsistente.

Ejemplo 9.3. **Inconsistencia del PRI**

Se cuenta con dos proyectos con los siguientes flujos de caja:

	Año 0	Año 1	Año 2	Año 3	Año 4
Proyecto A	-10.000	4.000	4.000	4.000	4.000
Proyecto B	-10.000	4.000	7.000		

$PRI_A = $ 2 + (2.000 / 4.000) = 2,5 años

$PRI_B = $ 1 + (6.000 / 7.000) = 1,86 años

Con un periodo de corte de dos años, el proyecto B es aceptable, mientras que el proyecto A no lo es.

Si calculamos el valor actual neto de ambos proyectos a una tasa del 10% tendremos:

$$VAN\,(10\%) = \ -10.000 \ + \ 4.000\,\frac{1 - (1,10)^{-4}}{0,10} \ = \ 2.679$$

$$VAN\,(10\%) = \ -10.000 \ + \ \frac{4.000}{1,1} \ + \ \frac{7.000}{(1,10)^2} \ = \ -578$$

El valor actual neto del proyecto B es negativo, que sería aceptado con el criterio del período de recuperación de la inversión.

9.3. Periodo de recuperación descontado (PRD)

El período de recuperación descontado (PRD) es el tiempo o número de años que debe transcurrir para que la suma de los flujos de caja descontados sea igual a la inversión inicial.

La regla del periodo de recuperación descontado para la toma de decisiones es la siguiente:

> Un proyecto será aceptable si su período de recuperación descontado es inferior al número de años previamente especificados.

Ejemplo 9.4. Cálculo del PRD

Se tiene un proyecto con una inversión de US$ 60.000, con el siguiente flujo de caja:

	Año 1	Año 2	Año 3	Año 4	Año 5
Flujo de caja	15.000	20.000	25.000	30.000	30.000

Calcular el periodo de recuperación descontado considerando un rendimiento requerido del 8%.

	Año 0	Año 1	Año 2	Año 3	Año 4	Año 5
Flujo de caja	-60.000	15.000	20.000	25.000	30.000	30.000
Flujo de caja descontado	-60.000	13.889	17.147	19.846	22.051	20.417
Flujo de caja descontado acum.	-60.000	-46.111	-28.964	-9.119		

PRD = 3 + (9.119 / 22.051) = 3,41 años = 3 años y 5 meses

Este resultado nos indica que se recuperará la inversión más el rendimiento requerido en un periodo de 3 años y 5 meses.
Si el período de corte fuera de cinco años debería aceptarse el proyecto.

Ejemplo 9.5. Cálculo del PRI, PRD y VAN

Un proyecto con una inversión de US$ 20.000 genera un flujo de caja de US$ 5.000 por año indefinidamente.
A una tasa de descuento del 12%, determinar el valor actual neto, el periodo de recuperación de la inversión y el periodo de recuperación descontado.

VAN = - 20.000 + (5.000 / 0,12) = 21.666,67

PRI = 4 años

Para obtener el PRD debemos encontrar el número de años que deberán transcurrir para que una anualidad de US$ 5.000 adquiera un valor presente de US$ 20.000 a una tasa del 12%.

$$VP = A \frac{1 - (1 + i)^{-n}}{i}$$

$$20.000 = 5.000 \frac{1 - (1 + 0,12)^{-n}}{0,12}$$

$$\frac{1 - (1 + 0,12)^{-n}}{0,12} = 4$$

$$1 - (1,12)^{-n} = 0,48$$

$$(1,12)^{-n} = 0,52$$

$$- n \, Ln \, 1,12 = Ln \, 0,52$$

$$- n = Ln \, 0,52 \, / \, Ln \, 1,12$$

$$n = 5,77 \text{ años}$$

PRD = 5,77 años

Si un proyecto se llega a recuperar en base a flujos descontados, tendrá un VAN positivo, ya que por definición, el VAN es de cero cuando la suma de los flujos de caja descontados es igual a la inversión inicial.

Si usamos la regla del PRD, no elegiremos ningún proyecto que tenga una VAN negativo.

Si necesitamos evaluar el tiempo que necesitamos para recuperar la inversión de un proyecto, el PRD es mejor que el PRI, debido a que considera el valor del dinero en el tiempo, sin embargo el PRD tiene dos inconvenientes:

- El punto de corte aun tiene que seleccionarse arbitrariamente.
- Los flujos de caja después del periodo de corte son ignorados.

9.4. Tasa interna de retorno (TIR)

Consideremos un proyecto que requiere una inversión de US$ 100 el día de hoy y que generará un flujo de caja de US$ 110 dentro de un año. Al cabo de un año, se recuperaría la inversión de US$ 100 y se obtendría un rendimiento de US$ 10, es decir el rendimiento de esta inversión sería 10%.

Para encontrar este rendimiento podemos establecer el VAN igual a cero y despejar el valor de i.

$$VAN = -100 + \frac{110}{(1 + i)}$$

$$0 = -100 + \frac{110}{(1 + i)}$$

$$100 = \frac{110}{(1 + i)}$$

$$i = 10\%$$

Este 10% es el rendimiento de este proyecto y se la conoce como tasa interna de retorno.

La tasa interna de retorno de un proyecto es la tasa de descuento a la cual el VAN de la inversión es igual a cero, lo cual lo podemos expresar algebraicamente de la siguiente manera:

$$0 = -I + \frac{FC_1}{(1 + TIR)} + \frac{FC_2}{(1 + TIR)^2} + \cdots\cdots + \frac{FC_n}{(1 + TIR)^n}$$

Donde:
TIR	Tasa interna de retorno
I	Inversión
FC_1	Flujo de caja en el año 1
FC_2	Flujo de caja en el año 2
FC_n	Flujo de caja en el año n

La regla de la tasa interna de retorno para la toma de decisiones es la siguiente:

> Un proyecto es aceptable si la tasa interna de retorno es superior al rendimiento requerido. Si es menor, debe ser rechazada.

Para hallar el valor de la TIR, se tendría que despejar este valor de la fórmula, lo que matemáticamente no se puede resolver. La TIR sólo se puede determinar mediante un procedimiento de prueba y error, mediante interpolación o utilizando una calculadora financiera.

Para hallar esta tasa mediante interpolación se necesita dos tasas de descuento, una con valor actual neto positivo y otra con valor actual neto negativo y utilizar la siguiente formula:

$$TIR = \text{Tasa menor} + \frac{VP}{VP+VN} \times \text{Diferencia de tasas}$$

Donde:
Tasa menor	Tasa de descuento del valor actual neto positivo
VP	Valor actual neto positivo
VN	Valor actual neto negativo
Diferencia de tasas	Diferencia de las tasas de descuento del valor actual neto positivo y valor actual neto negativo

Ejemplo 9.6. **Cálculo de la tasa interna de retorno**

Se pretende realizar una inversión con el siguiente flujo de caja:

```
    0                          1                          2
    └──────────────────────────┴──────────────────────────┘
  -20.000                    12.000                     13.000
```

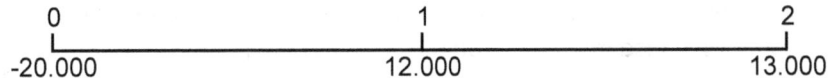

Para determinar la tasa interna de retorno de esta inversión, podemos establecer el VAN = 0 y despejar la tasa de descuento.

$$VAN = 0 = -20.000 + \frac{12.000}{(1 + TIR)} + \frac{13.000}{(1 + TIR)^2}$$

Para encontrar la tasa desconocida, podemos ensayar algunas tasas. Para una tasa del 0% el VAN sería 5.000. Resumimos esta y otras posibilidades en el siguiente cuadro.

Tasa de descuento	VAN
0%	5.000
5%	3.220
10%	1.653
15%	265
20%	-972
25%	-2.080

Se puede observar que a medida que aumenta la tasa de descuento disminuye el valor actual neto. La TIR se encuentra entre 15% y 20%. Aplicando la formula de interpolación tenemos:

$$TIR = Tasa\ menor + \frac{VP}{VP+VN} \times Diferencia\ de\ tasas$$

$$TIR = 15\% + \frac{265}{265 + 972} \times 5\%$$

$$TIR = 16,07\%$$

Se notará que se ha interpolado valores con cinco puntos porcentuales de diferencia. Si se quiere un valor más exacto se debe determinar valores con la menor diferencia posible, por ejemplo con 1% de diferencia. Interpolando valores con 16% y 17% obtenemos una TIR de 16,02%, que es el mismo resultado que se obtiene con una calculadora financiera o en una planilla excel.

Si nuestro rendimiento requerido fuera menos del 16,07% emprenderíamos el proyecto. Si el rendimiento requerido fuera mayor deberíamos rechazarlo.

Gráfica del valor actual neto

En la figura 9.1. se ilustra gráficamente el comportamiento del valor actual neto respecto a la tasa de descuento del ejemplo 9.6. En ésta gráfica se puede observar que a medida que aumenta la tasa de descuento, el VAN disminuye. La curva se corta con el eje X en el momento que el VAN es igual a cero, exactamente a la tasa de 16,07%, que es la tasa interna de retorno.

Figura 9.1. **Gráfica del VAN**

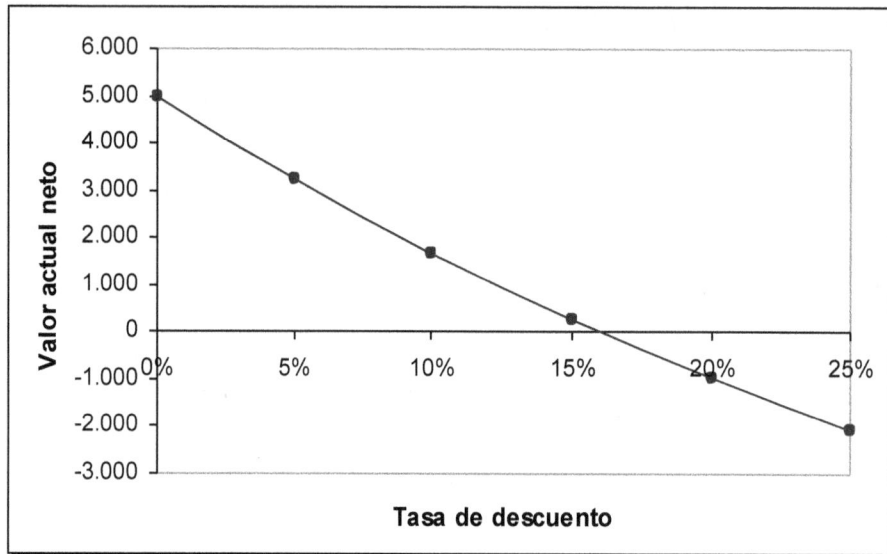

Problemas con la tasa interna de retorno

La tasa interna de retorno no es aplicable cuando los flujos de caja no son convencionales y cuando se trata de comparar proyectos mutuamente excluyentes para decidir cual de ellos es más conveniente.

Proyectos con flujos de caja no convencionales. Un flujo de caja es convencional cuando el primer flujo es negativo y todos los flujos de caja posteriores son positivos. Un flujo de caja no es convencional cuando existen flujos positivos y negativos que se intercalan.

Para analizar que pasa con la TIR con flujos de caja no convencionales consideraremos un proyecto con el siguiente flujo de caja:

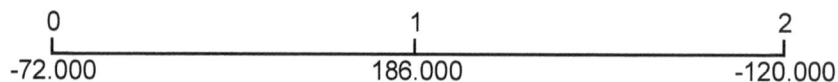

```
0                        1                        2
|_____|_____|
-72.000                186.000                -120.000
```

Para determinar la tasa interna de retorno de este proyecto, determinaremos el VAN a distintas tasas de descuento.

Tasa de descuento	VAN
0%	-6.000
10%	-2.083
20%	-333
30%	71
40%	-367

El VAN se comporta de una manera especial. A medida que aumenta la tasa de descuento el VAN aumenta de un valor negativo a un valor positivo y luego adquiere nuevamente un valor negativo. La gráfica del VAN de este proyecto se muestra en la figura 9.2, donde se puede observar que el VAN es igual a cero cuando la tasa de descuento es 25% y 33,3%, es decir existen dos tasas internas de retorno.

Figura 9.2. **Gráfica del VAN con flujos de caja no convencionales**

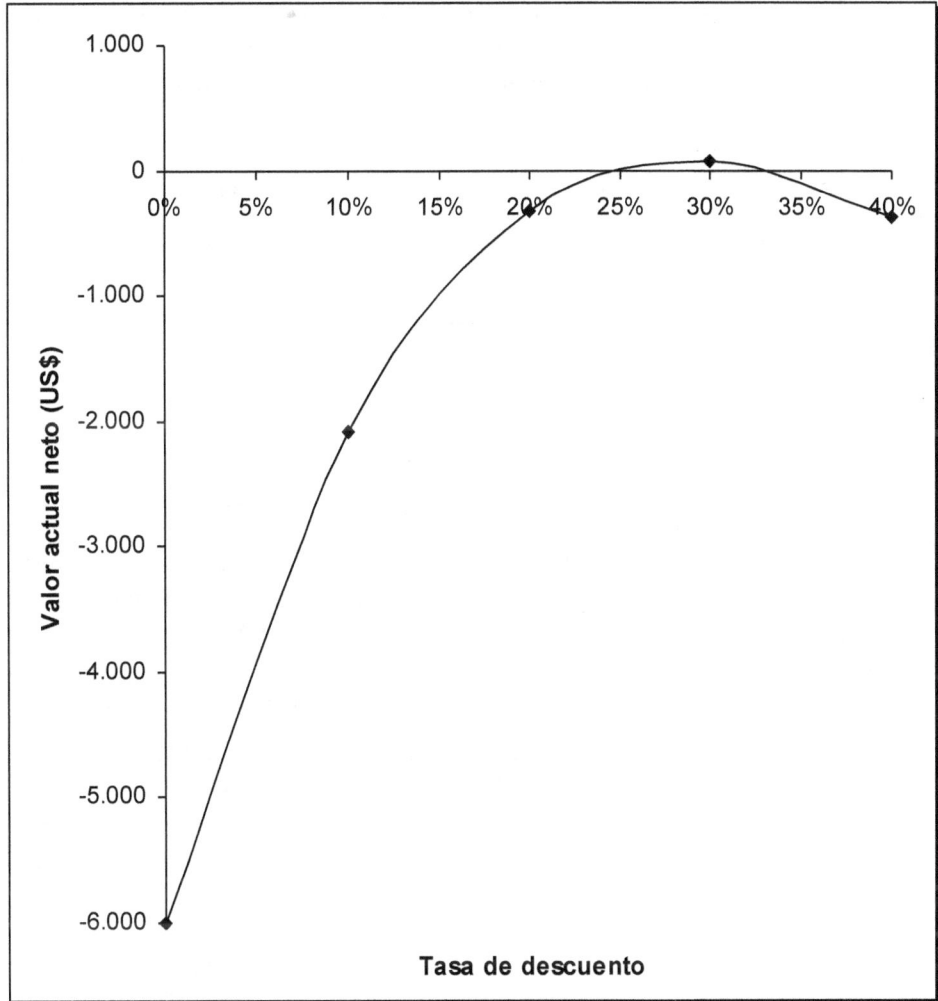

Si el rendimiento requerido fuera 10%, ¿deberíamos aceptar el proyecto? En virtud de la regla de la TIR, deberíamos aceptarla porque ambas TIR son mayores al 10%, sin embargo el VAN es negativo a cualquier tasa de descuento inferior a 25%, por lo que no es una buena inversión.

El VAN es positivo cuando el rendimiento requerido esta entre 25% y 33,3%, es decir en este intervalo el VAN es mayor a cero y por lo tanto la inversión seria conveniente.

Si el rendimiento requerido fuera mayor a 33,3% el VAN seria negativo y la inversión no sería conveniente.

Cuando los flujos de efectivo no son convencionales, la regla de la TIR no funciona, por lo que se tienen que utilizar la regla del VAN, que siempre funciona.

En estos casos es necesario saber cuantas TIR existen. La regla de los signos de Descartes afirma que el máximo número de TIR que puede haber es igual al número de veces que los flujos de caja cambian de signo de positivo a negativo y/o de negativo a positivo.

Proyectos mutuamente excluyentes. Dos proyectos son mutuamente excluyentes cuando emprender uno de ellos significa que no podemos emprender el otro. Por ejemplo, si tenemos un terreno, podemos construir un supermercado o un edificio de departamentos, pero no ambos.

Dos proyectos que no sean mutuamente excluyentes son proyectos independientes.

Para analizar que pasa con la TIR con proyectos mutuamente excluyentes consideraremos dos proyectos con los siguientes flujos de caja, donde se trata de elegir uno de ellos.

Año	Proyecto A	Proyecto B
0	-5.000	-5.000
1	2.500	1.000
2	2.000	2.000
3	2.000	3.000
4	2.000	3.000

La tasa interna de retorno del proyecto A es 26,4% y del proyecto B es 23,5%.

Como son proyectos mutuamente excluyentes, debemos elegir uno de ellos. Aplicando el criterio de la TIR, el proyecto A seria el mejor, porque tiene la TIR más alta.

Para comprender porque el proyecto A no es la mejor alternativa, calcularemos el VAN de ambos proyectos a distintas tasas de descuento.

Tasa de descuento	VAN_A	VAN_B
0%	3.500	4.000
5%	2.568	2.826
10%	1.794	1.865
15%	1.145	1.070
20%	594	405
25%	123	-155
30%	-283	-631

El proyecto B tiene un VAN mas alto a tasas de descuento bajas.

Si el rendimiento requerido fuera 10%, el proyecto B tiene el VAN mas alto y será la mejor alternativa, aun cuando el proyecto A muestre una mayor TIR.

Si el rendimiento requerido fuera 20%, el proyecto A tiene el VAN mas alto y la TIR mas alta y sería la mejor alternativa.

La gráfica del VAN de ambos proyectos se presenta en la figura 3.3.

Figura 9.3. **Gráfica del VAN de proyectos mutuamente excluyentes**

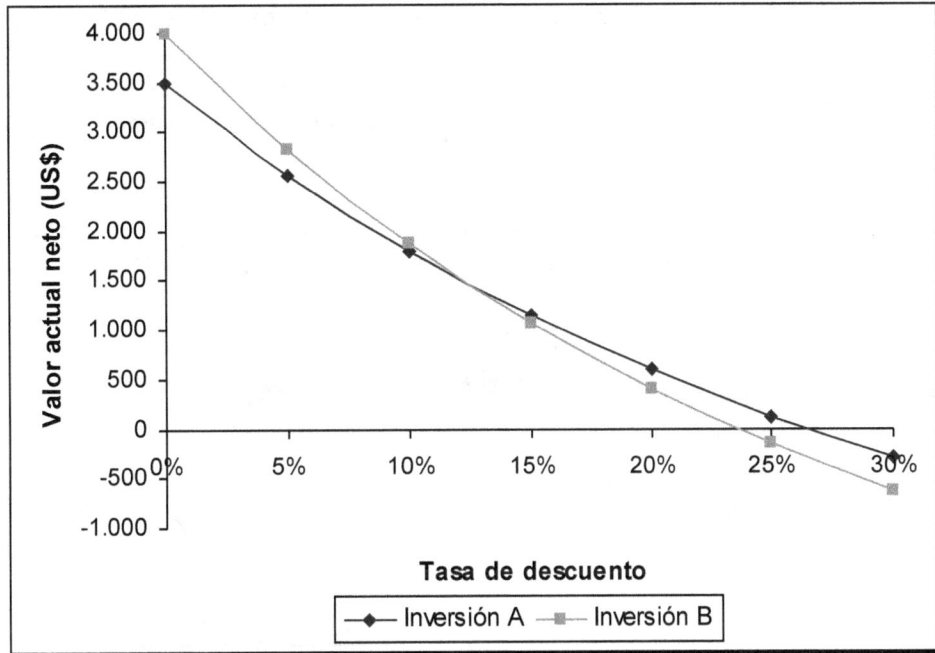

Tasa de cruce. La tasa de cruce o punto de intersección es la tasa de descuento que hace que los VAN sean iguales.

Se puede encontrar la tasa de cruce obteniendo la diferencia entre los flujos de caja y calcular la TIR de estas diferencias. No importa cual se sustraiga de cual, aunque se recomienda utilizar el flujo que tenga el primer flujo negativo.

Año	Proyecto A	Proyecto B	B - A	A - B
0	-5.000	-5.000	0	0
1	2.500	1.000	1.500	-1.500
2	2.000	2.000	0	0
3	2.000	3.000	-1.000	1.000
4	2.000	3.000	-1.000	1.000

La TIR de la diferencia de los flujos es 12,3%. A esta tasa se cruzan las curvas de los proyectos A y B.

A tasas de descuento menores a 12,3%, el VAN de B es mas alto y en consecuencia el proyecto B es mas conveniente que el proyecto A, aun cuando la TIR de A sea más alta.

A tasas de descuento mayores a 12,3%, el proyecto A tiene un VAN mas alto y también una TIR mas alta.

En estos casos necesitamos calcular el VAN para no elegir alternativas incorrectas. En definitiva estamos interesados en crear valor para los accionistas de la empresa, por lo que la opción con el VAN más alto será la mas apropiada.

Cualidades de la TIR

La tasa interna de retorno proporciona información sencilla sobre una inversión. Es mas fácil decir que un proyecto tienen una TIR del 20% que decir que un proyecto tiene una VAN de US$ 52.000 a una tasa de descuento del 10%.

Otra ventaja de la TIR es que podemos calcularla sin necesidad de saber la tasa de descuento, en cambio para calcular el VAN requerimos necesariamente conocer la tasa de descuento.

A pesar de que la TIR puede dar varios resultados al analizar inversiones con flujos de caja no convencionales o llevar a decisiones incorrectas al comparar inversiones mutuamente excluyentes, es mas popular que el VAN.

9.5.   Índice de rentabilidad (IR)

El índice de rentabilidad, denominado también relación beneficio costo, relaciona el valor presente de los flujos de caja futuros con la inversión inicial, lo cual se expresa de la siguiente manera:

$$\text{Indice de rentabilidad} = \frac{\dfrac{FC_1}{(1+i)} + \dfrac{FC_2}{(1+i)^2} + \cdots\cdots + \dfrac{FC_n}{(1+i)^n}}{\text{Inversión}}$$

Donde:

FC$_1$ Flujo de caja en el año 1

FC$_2$ Flujo de caja en el año 2

FC$_n$ Flujo de caja en el año n

i   Rendimiento requerido

La regla del índice de rentabilidad para la toma de decisiones es la siguiente:

Un proyecto es aceptable si el índice de rentabilidad es superior a 1. Si es menor a 1 debe ser rechazado.

Si un proyecto tiene un VAN positivo, el valor presente de los flujos de efectivo deberá ser mayor que la inversión inicial, y en consecuencia el índice de rentabilidad será mayor a 1. Si el VAN es negativo, el índice de rentabilidad será menor a 1.

El índice de rentabilidad también se lo puede calcular de la siguiente manera:

$$\text{Indice de rentabilidad} = 1 + \frac{\text{VAN}}{\text{Inversión}}$$

Ejemplo 9.7. **Cálculo del índice rentabilidad**

Un proyecto contempla una inversión inicial de US$ 20.000.

Los flujos de caja proyectados son de US$ 8.000, US$ 10.000 y US$ 15.000 durante los siguientes tres años.

Hallar el índice de rentabilidad si el rendimiento requerido es 12%.

$$\text{Índice de rentabilidad} = \frac{\dfrac{8.000}{1,12} + \dfrac{10.000}{(1,12)^2} + \dfrac{15.000}{(1,12)^3}}{20.000} = 1,29$$

El proyecto será conveniente porque el índice de rentabilidad es mayor a 1.

Preguntas y problemas

1. **Cálculo del período de recuperación de la inversión**
   Una empresa ha fijado un período de recuperación de la inversión máximo de tres años para sus nuevos proyectos de inversión. Si se tiene los siguientes proyectos en estudio, ¿debería aceptar alguno de ellos?

	Año 0	Año 1	Año 2	Año 3	Año 4	Año 5
Flujo de caja proyecto A	-50.000	20.000	18.000	16.000	15.000	15.000
Flujo de caja proyecto B	-80.000	14.000	17.000	32.000	45.000	72.000

2. **Cálculo del periodo de recuperación y valor actual neto**
   Un proyecto tiene flujos de caja anuales de US$ 15.000, US$ 16.000, US$ 17.000 y US$ 18.000. Si la inversión inicial asciende a US$ 40.000 y el rendimiento requerido es 12%, determinar el período de recuperación descontado y el valor actual neto.

3. **Cálculo del período de recuperación y valor actual neto**
   Se esta estudiando un proyecto con el siguiente flujo de caja:

	Año 0	Año 1	Año 2	Año 3	Año 4
Flujo de caja	-280.000	70.000	80.000	100.000	150.000

   Calcular el período de recuperación de la inversión, el período de recuperación descontado y el valor actual neto, si el rendimiento requerido es 12%.

4. **Cálculo del período de recuperación y valor actual neto**
   Un proyecto generará flujos de caja de US$ 27.000 por año durante ocho años. Si la inversión asciende a US$ 125.000 y el rendimiento requerido es 11%, determinar el periodo de recuperación de la inversión, el periodo de recuperación descontado y el valor actual neto.

5. **Cálculo de la tasa interna de retorno y valor actual neto**

   Una empresa evalúa sus proyectos mediante la regla de la tasa interna de retorno. Si el rendimiento requerido es 16%, debería aceptar la empresa el proyecto que tiene el siguiente flujo de caja:

	Año 0	Año 1	Año 2	Año 3	Año 4
Flujo de caja	-75.000	26.200	0	42.500	54.600

   Si la empresa utiliza el criterio del valor actual neto y el rendimiento requerido es 10%, ¿Debería aceptar el proyecto?

6. **Cálculo de la tasa interna de retorno**

   Determinar la tasa interna de retorno del proyecto que tiene el siguiente flujo de caja y grafique el VAN.

	Año 0	Año 1	Año 2	Año 3
Flujo de caja	-40.000	12.200	14.600	32.500

7. **Cálculo del índice de rentabilidad**

   Determinar el índice de rentabilidad del proyecto que tiene el siguiente flujo de caja, si el rendimiento requerido es 13%. ¿Aceptaría o rechazaría el proyecto?

	Año 0	Año 1	Año 2	Año 3
Flujo de caja	-50.000	18.800	22.500	32.100

8. **Comparación de criterios de evaluación de proyectos**

   Se tiene los siguientes flujos de caja de dos proyectos mutuamente excluyentes:

	Año 0	Año 1	Año 2	Año 3	Año 4
Flujo de caja proyecto A	-18.000	1.000	2.500	3.000	25.000
Flujo de caja proyecto B	-18.000	12.000	5.000	4.000	3.500

   El rendimiento requerido es 17%.
   a) La empresa ha fijado un período de recuperación de la inversión con un plazo máximo de tres años para sus proyectos. ¿Debería aceptar alguno de estos proyectos?
   b) La empresa ha fijado un período de recuperación descontado con un plazo máximo de tres años para sus proyectos. ¿Debería aceptar alguno de estos proyectos?
   c) Que proyecto elegiría si aplica el criterio del valor actual neto?
   d) Que proyecto elegiría si aplica el criterio de la tasa interna de retorno?
   e) Qué proyecto elegiría si aplica el criterio del índice de rentabilidad?
   f) Determinar la tasa de cruce.
   g) En base a los resultados de los incisos anteriores, ¿que proyecto elegiría?

9. **Proyectos mutuamente excluyentes**

   Elektro S.A. esta evaluando los siguientes proyectos mutuamente excluyentes:

	Año 0	Año 1	Año 2	Año 3	Año 4
Flujo de caja proyecto A	-72.000	25.000	32.200	38.400	6.800
Flujo de caja proyecto B	-72.000	7.000	36.500	35.000	31.700

   Que proyecto elegiría utilizando el criterio del valor actual neto, si el rendimiento requerido es 17%?
   Que proyecto elegiría utilizando el criterio de la tasa interna de retorno?
   A que tasa de rendimiento sería indiferente entre los dos proyectos?
   En que rango de tasas de rendimiento elegiría el proyecto A y en que rango el proyecto B?

10. **Proyectos mutuamente excluyentes**

    Se tiene los siguientes proyectos mutuamente excluyentes:

	Año 0	Año 1	Año 2	Año 3
Flujo de caja proyecto A	-60.000	33.200	24.200	12.000
Flujo de caja proyecto B	-60.000	10.300	25.500	40.200

Elaborar graficas del VAN de ambos proyectos.

Determinar la tasa de cruce de ambos proyectos.

Si el rendimiento requerido fuera 10%, que proyecto elegiría?

11. Proyecto con flujo de caja no convencional

Neovac S.A. evalúa un proyecto con el siguiente flujo de caja:

	Año 0	Año 1	Año 2	Año 3
Flujo de caja	-220.000	152.400	164.000	-54.200

Cuantas tasas internas de retorno existen?

Si la empresa requiere de un rendimiento de 10%, debería aceptar el proyecto?

10 Evaluación económica financiera de proyectos

En este capítulo expondremos como se realiza la evaluación económica financiera de un proyecto, veremos como se elabora el estado de resultados proyectado, el flujo de caja del proyecto, el flujo de caja del accionista, el balance general proyectado y como se determina los indicadores financieros, como el período de recuperación descontado, el valor actual neto, la tasa interna de retorno y el índice de rentabilidad.

10.1. El estado de resultados

El estado de resultados denominado también estado de pérdidas y ganancias muestra los ingresos, gastos y la utilidad neta obtenida por una empresa durante un determinado período de tiempo.

La clasificación general del estado de resultados se muestra en el cuadro 10.1.

Cuadro 10.1. **Formato del estado de resultados**

ESTADO DE RESULTADOS
Al 31 de diciembre de 2010
En dólares americanos

Ventas		2.350.000
(-) Costo de ventas		1.670.000
Utilidad bruta		680.000
(-) Gastos de administración		136.000
(-) Gastos de comercialización		122.000
(-) Depreciación		62.000
Utilidad antes de intereses e impuestos (EBIT)		360.000
(-) Intereses		20.000
Utilidad antes de impuestos (EBT)		340.000
(-) Impuesto a las utilidades		85.000
Utilidad neta		255.000
Dividendos	100.000	
Retención de utilidades	155.000	

Lo primero que se reporta en un estado de resultados son los ingresos por ventas y el costo de ventas o costo de producción, la diferencia constituye la utilidad bruta. A continuación se incluyen los gastos de operación y la depreciación para así determinar la utilidad antes de intereses e impuestos, que lo simbolizaremos con EBIT por sus siglas en ingles (earnings before interest and taxes). Seguidamente se consignan los intereses de la deuda para determinar la utilidad antes de impuestos, que lo simbolizaremos por EBT por sus siglas en ingles (earnings before taxes). Posteriormente se consigna los ingresos y gastos extraordinarios, el impuesto a las utilidades y finalmente la utilidad neta de la gestión.

10.2.   Flujo de caja del proyecto

Para ver como se construyen el flujo de caja de un proyecto necesitamos recordar lo expuesto en el capítulo 7.

En este capítulo vimos que el flujo de caja de operación se obtiene a partir del estado de resultados, el cual se determina sin considerar la depreciación porque no es un flujo de salida de efectivo, no se considera los intereses de la deuda porque no son un gasto operativo, pero si se incluye los impuestos porque estos se pagan en efectivo.

Existen diferentes enfoques para determinar el flujo de caja de operación, vimos el enfoque EBIT, el enfoque ascendente, el enfoque descendente y ahora veremos el enfoque de protección fiscal, que es muy útil para evaluar proyectos especiales.

Enfoque EBIT
E.B.I.T.
(+) Depreciación
(-) Impuestos
Flujo de caja de operación (FCO)

Enfoque ascendente
Utilidad neta
(+) Depreciación
(+) Intereses
Flujo de caja de operación (FCO)

Enfoque descendente
Ventas
(-) Costo de ventas y gastos de operación
(-) Impuestos
Flujo de caja de operación (FCO)

Enfoque de protección fiscal
(Ventas - Costos) x $(1 - t_x)$
(+) Depreciación x t_x
Flujo de caja de operación (FCO)

Donde t_x es la tasa del impuesto a las utilidades

El flujo de caja del proyecto denominado también flujo de caja libre, tiene tres componentes, el flujo de caja de operación, los gastos netos de capital y las variaciones en el capital de trabajo neto. Para analizar la rentabilidad de un proyecto tenemos que incluir dos partidas adicionales, el valor residual de la inversión fija y la recuperación del capital de trabajo. Estas partidas se incluyen al final del periodo de análisis del proyecto para consignar el valor que tendrá la inversión fija y el capital de trabajo en el último período, ambos con signos positivos.

El flujo de caja del proyecto se calcula sin considerar el financiamiento de los acreedores, es decir como si el proyecto no tuviera deuda.

El flujo de caja del proyecto se puede calcular utilizando el enfoque EBIT, el enfoque ascendente o el enfoque descendente del flujo de caja de operación. El más práctico es el enfoque EBIT, el cual tiene la siguiente estructura:

Utilidad antes de intereses e impuestos (E.B.I.T.)
(+) Depreciación
(-) Impuestos (sobre E.B.I.T.)
(-) Inversiones fijas (Gastos netos de capital)
(-) Variaciones en el CTN
(+) Valor residual inversión fija
(+) Recuperación CTN
_____
Flujo de caja del proyecto

Aspectos a considerar en la elaboración del flujo de caja del proyecto

Para evaluar un proyecto se debe considerar los cambios en los flujos de caja de la empresa y decidir si los mismos añaden o no valor a la empresa. Para esto es necesario definir los flujos de caja incrementales y otros conceptos básicos.

a) Flujos de caja incrementales

Los flujos de caja incrementales de un proyecto son los cambios en el flujo de caja de una empresa que surge como consecuencia de la decisión de llevarla a cabo, es decir es la diferencia entre los flujos de caja futuros que se lograrían con el proyecto y el flujo de caja actual de la empresa.

Para evaluar un proyecto sólo se debe considerar los flujos de caja incrementales.

b) Costos hundidos

Un costo hundido es un gasto que ya se ha realizado o se tiene la obligación de hacerlo, es decir es un costo que la empresa debe pagar se lleve o no se lleve a cabo el proyecto.

Los costos hundidos no son flujos de caja relevantes, por lo que no se deben considerar en el análisis.

Por ejemplo, si se contrata un consultor financiero para que evalúe si se debería lanzar o no cierta línea de producto, el honorario de la consultoría es un costo hundido.

c) Costos de oportunidad

Es común que se presenten situaciones en las que una empresa posee algunos de los activos que se usarán en un proyecto, y como ya existen no existirá un flujo de salida de efectivo.

Para propósito de evaluar el proyecto se debe considerar este activo porque será un recurso que será utilizado en el proyecto, ya que si no lo utilizamos en el proyecto se podría hacer otro uso de él. De este modo, se dice que éste activo tiene un costo de oportunidad.

El costo de oportunidad será siempre el precio actual en el mercado porque ése es el costo de comprar otro activo similar.

d) Efectos colaterales

Los flujos de caja de un proyecto deben incluir todos los cambios que se producirán en los flujos futuros de efectivo de la empresa.

Un proyecto tendrá efectos colaterales si afecta positiva o negativamente en el nivel de ventas de proyectos o líneas de productos paralelas de la empresa.

En este caso, los flujos de caja del proyecto deberán ajustarse en forma ascendente o descendente para reflejar las utilidades ganadas o perdidas en las otras líneas de productos.

Por ejemplo si una empresa lanza un nuevo producto al mercado y esta afecta las ventas de otro de sus productos, se debe ajustar los flujos de caja en forma descendente.

e) Costos financieros y dividendos

Al analizar un proyecto no se debe incluir los interés pagados a los acreedores ni los dividendos pagados a los accionistas, puesto que estamos interesados en los flujos de caja generados por los activos del proyecto.

La forma como financie el proyecto es una variable administrativa, que determina la manera en que el flujo de caja de un proyecto se divide entre los propietarios y los acreedores.

f) Impuestos

El flujo de caja del proyecto será después de impuestos, porque los impuestos son un flujo de salida de efectivo.

10.3.   Flujo de caja del accionista

El flujo de caja del accionista, denominado también flujo de caja del inversionista, es otro flujo que debe calcularse a efectos de evaluación de un proyecto, para determinar la rentabilidad de los recursos invertidos por los accionistas.

El flujo de caja del accionista es el efectivo que el proyecto podrá repartir entre los accionistas después de hacer el pago de todos los gastos generados por el proyecto, es decir después de realizar las inversiones fijas, los incrementos en el capital de trabajo neto y el pago de la deuda, tanto a capital como a intereses.

Para determinar el flujo de caja del accionista también debe incluirse el valor residual y la recuperación del capital de trabajo.

El flujo de caja del accionista también se puede determinar utilizando el enfoque EBIT, el enfoque ascendente y el enfoque descendente, es decir partiendo ya sea de la utilidad antes de intereses e impuestos, la utilidad neta o las ventas. El más práctico es el enfoque ascendente, el cual tiene la siguiente estructura:

Utilidad neta
(+) Depreciación
(-) Inversiones fijas (Gastos netos de capital)
(-) Variaciones en el CTN
(+) Préstamo
(-) Amortización préstamo
(+) Valor residual inversión fija
(+) Recuperación CTN
_____
Flujo de caja del accionista

10.4.   El balance general

El balance general es una radiografía de la posición financiera de la empresa en un determinado momento del tiempo.

El balance general indica que posee una empresa (sus activos), y como están financiados estos activos en la forma de deuda (pasivo) o capital (patrimonio neto).

El activo son los bienes y derechos que tiene una empresa, el cual se clasifica en activo circulante, activo fijo y otros activos.

El activo circulante tiene una vida de menos de un año, esto significa que se convertirán en efectivo antes de un año y esta conformado por el efectivo, inversiones temporarias, cuentas por cobrar e inventarios.

El activo fijo son aquellos bienes físicos que tienen una vida útil superior a un año y están conformados por terrenos, obras civiles, construcciones, maquinaria, equipo, muebles, enseres y vehículos.

Los otros activos tienen también una vida útil superior a un año y comprenden las inversiones permanentes, los gastos pagados por anticipado y los gastos diferidos.

El pasivo es el conjunto de deudas y obligaciones de la empresa, el cual se clasifica en pasivo circulante y pasivo a largo plazo. Los pasivos circulantes tienen vencimientos de menos de un año, lo cual significa que deben pagarse antes del año. Una deuda que no venza dentro del año siguiente, se clasifica como pasivo a largo plazo.

Por definición, la diferencia entre el valor total del activo y el valor del pasivo es el patrimonio neto.

El formato del balance general se muestra en el cuadro 10.2

Cuadro 10.2. **Formato del balance general**

BALANCE GENERAL
Al 31 de diciembre de 2010
En dólares americanos

ACTIVO CIRCULANTE			PASIVO CIRCULANTE		
Efectivo	2.190		Cuentas por pagar	3.955	
Inversiones temporarias	1.354		Deudas bancarias y financieras	4.049	
Cuentas por cobrar	9.627		Intereses por pagar	928	
Inventarios	5.524	18.695	Deudas fiscales y sociales	2.547	11.479
ACTIVO FIJO			PASIVO A LARGO PLAZO		
Activo fijo bruto	112.300		Deudas bancarias y financieras	32.845	
(-) Depreciación acumulada	22.180	90.120	Previsión para indemnizaciones	9.171	42.016
OTROS ACTIVOS			PATRIMONIO NETO		
Inversiones permanentes	2.100		Capital	24.876	
Gastos pagados por anticipado	1.200		Reservas	25.764	
Gastos diferidos	820	4.120	Ajustes al patrimonio	3.240	
			Utilidades acumuladas	5.560	59.440
TOTAL ACTIVO		112.935	TOTAL PASIVO Y PATRIMONIO		112.935

En el ejemplo 10.1 se presenta un caso práctico de evaluación económica financiera de un proyecto.

Ejemplo 10.1. Evaluación económica financiera

A continuación se presenta información de una fábrica de bolsas plásticas a implementarse.

1. **Inversiones fijas e inversiones intangibles requeridas**

Terreno	US$ 10.000 (2.000 m^2 a US$ 5 el metro cuadrado)
Obras civiles	US$ 93.000
Maquinaria y equipo	US$ 70.000
Muebles y enseres	US$ 9.000
Vehículo	US$ 18.000
Gastos de organización	US$ 5.000

OBRAS CIVILES
En dólares americanos

Descripción	Superficie construida	Costo unitario	Importe
Planta de producción	300 m^2	150	45.000
Almacen de insumos y productos terminados	250 m^2	160	40.000
Area administrativa	50 m^2	160	8.000
TOTAL	**600 m^2**	**155**	**93.000**

MAQUINARIA Y EQUIPO
En dólares americanos

Descripción	Cantidad	Costo unitario	Importe
Maquina extrusora	1	32.000	32.000
Maquina flexográfica	1	20.500	20.500
Máquina trafaladora	1	5.500	5.500
Máquina confeccionadora	1	11.300	11.300
Compresora	1	300	300
Bomba de agua	1	400	400
TOTAL			**70.000**

2. **Financiamiento**

Se contempla financiamiento bancario bajo las siguientes condiciones:

Monto préstamo:	US$ 80.000	
Destino del crédito:	Construcción planta industrial	US$ 30.000
	Adquisición de maquinaria	US$ 50.000
Plazo:	5 años	
Periodo de gracia:	1 año	
Amortización:	Anual	
Tasa de interés:	9% anual	
Tipo de amortización:	Cuota fija a capital	

3. **Aspectos técnicos**

Capacidad instalada de la planta industrial: 150.000 Kgr / año.

PROGRAMA DE PRODUCCIÓN

Concepto	Año 1	Año 2	Año 3	Año 4	Año 5
% Utilización de la capacidad instalada	80%	90%	100%	100%	100%
Volumen de producción (Kgr)	120.000	135.000	150.000	150.000	150.000

El 60% estará destinado a la fabricación de bobinas plásticas y el 40% a bolsas plásticas.

4. Presupuesto de ingresos y gastos

Precios de venta: Bobinas plásticas   US$ 3,20 / Kgr

  Bolsas plásticas   US$ 3,00 / Kgr

Las ventas se realizaran a un plazo promedio de 30 días.

El periodo del inventario es de 60 días.

Los inventarios serán financiados por el proveedor a 45 días plazo.

La tasa de inflación es cero.

Planilla de sueldos y salarios (Del 1er al 5to año)

PLANILLA DE SUELDOS Y SALARIOS MENSUAL

En dólares americanos

CARGO	HABER BÁSICO	NUMERO DE PERSONAS	TOTAL HABER BÁSICO	FONDO DE PENSIONES 1,71%	FONDO PRO-VIVIENDA 2,00%	SEGURO SALUD 10,00%	PREVISIÓN INDEMNIZ. 8,33%	PREVISIÓN AGUINALDO 8,33%	TOTAL APORTE PATRONAL 30,37%	COSTO TOTAL
Departamento de administración										
Gerente general	700	1	700	12	14	70	58	58	213	913
Secretaria	250	1	250	4	5	25	21	21	76	326
Gerente finanzas	500	1	500	9	10	50	42	42	152	652
Contador	300	1	300	5	6	30	25	25	91	391
SUB TOTAL										2.281
Departamento de ventas										
Gerente comercial	500	1	500	9	10	50	42	42	152	652
Vendedores	200	2	400	7	8	40	33	33	121	521
SUB TOTAL										1.173
Departamento de producción										
Jefe de producción	450	1	450	8	9	45	37	37	137	587
Operarios	320	6	1.920	33	38	192	160	160	583	2.503
SUB TOTAL										3.090
TOTAL GENERAL										6.544

Costos de la materia prima:

HOJA DE COSTO

En dólares americanos

Producto:	Bobinas plasticas			Cantidad:	1 Kgr
Detalle		Unidad	Cantidad	Costo unitario	Costo total
Materia prima e insumos					
Polietileno		Kgr	0,95	1,70	1,62
Master bach		Kgr	0,05	7,00	0,35
Canuto de cartón		Pieza	0,06	0,50	0,03
				Costo total	2,00
				Costo unitario	2,00

HOJA DE COSTO

En dólares americanos

Producto:	Bolsas plasticas con impresión			Cantidad:	1 Kgr
Detalle		Unidad	Cantidad	Costo unitario	Costo total
Materia prima e insumos					
Polietileno		Kgr	1,00	1,70	1,70
Tinta de impresión		Kgr	0,01	7,50	0,08
				Costo total	1,78
				Costo unitario	1,78

Gastos indirectos de fabricación (1er año)

Energía eléctrica y agua	US$ 1.400 / año	(Costo variable)
Combustibles y lubricantes	US$ 400 / año	(Costo variable)
Mantenimiento	US$ 600 / año	(Costo fijo)

Gastos de administración

Gastos generales	US$ 520 / año	(Costo fijo)
Seguro	US$ 1.200 / año	(Costo fijo)

Gastos de comercialización

Comisiones sobre ventas	1% sobre ventas
Publicidad y promoción	2% sobre ventas

Tasas impositivas a considerar

Impuesto a las utilidades	25%

Rendimiento requerido

Para el flujo de caja del proyecto	11,7%
Para el flujo de caja del accionista	14%

a) Elaborar el plan de inversiones y estructura del financiamiento

b) Calcular el capital de trabajo neto en base al método de razones financieras, considerando que el requerimiento mínimo de efectivo para cubrir gastos de administración y comercialización es de 1% sobre las ventas anuales.

c) Elaborar el estado de resultados proyectado.

d) Elaborar el flujo de caja del proyecto y calcular el periodo de recuperación de la inversión, el periodo de recuperación descontado, el valor actual neto, la tasa interna de retorno y el índice de rentabilidad.

e) Elaborar el flujo de caja del inversionista y calcular el valor actual neto, la tasa interna de retorno y el índice de rentabilidad.

f) Elaborar el cuadro de fuentes y usos de fondos, considerando que se distribuye el 60% de las utilidades netas como dividendos.

g) Elaborar el balance general proyectado, considerando que se distribuye el 60% de las utilidades netas como dividendos.

h) Calcular el punto de equilibrio contable.

PLAN DE INVERSIONES Y ESTRUCTURA DEL FINANCIAMIENTO
En dólares americanos

Concepto	Cantidad	Precio unitario	Monto total	Fuentes de financiamiento		
				Crédito	Aporte propio	Otros financiam.
INVERSIONES FIJAS						
Terreno	2.000 m^2	5	10.000		10.000	
Obras civiles	600 m^2	155	93.000	30.000	63.000	
Maquinaria y equipo	Global	0	70.000	50.000	20.000	
Muebles y enseres	Global	0	9.000		9.000	
Vehículos	1	18.000	18.000		18.000	
SUB TOTAL			200.000	80.000	120.000	0
INVERSIONES INTAGIBLES						
Gastos de organización			5.000		5.000	
SUB - TOTAL			5.000		5.000	
CAPITAL DE TRABAJO						
Capital de trabajo			78.723		45.568	33.155
SUB TOTAL			78.723		45.568	33.155
TOTAL			283.723	80.000	170.568	33.155
PORCENTAJE			100%	28,2%	60,1%	11,7%

Monto del préstamo:	80.000
Plazo (Años):	5
Período de gracia (años):	1
Tasa de interés:	9%
Amortización:	Anual
Tipo de amortización:	Cuota fija a capital

PLAN DE AMORTIZACIÓN
En dólares americanos

Período (Años)	Saldo préstamo	Capital	Interés	Capital e interés
1	80.000	0	7.200	7.200
2	80.000	20.000	7.200	27.200
3	60.000	20.000	5.400	25.400
4	40.000	20.000	3.600	23.600
5	20.000	20.000	1.800	21.800
		80.000	25.200	105.200

Capacidad instalada 150.000 Kgr/año

PRONOSTICO DE VENTAS

Detalle	Año 1	Año 2	Año 3	Año 4	Año 5
% Utilización de la capacidad instalada	80%	90%	100%	100%	100%
Volumen de producción (Kgr)	120.000	135.000	150.000	150.000	150.000
BOBINAS PLASTICAS (60%)					
Volumen de producción (Kgr)	72.000	81.000	90.000	90.000	90.000
Precio de venta	3,20	3,20	3,20	3,20	3,20
SUB - TOTAL	230.400	259.200	288.000	288.000	288.000
BOLSAS PLASTICAS (40%)					
Volumen de producción (Kgr)	48.000	54.000	60.000	60.000	60.000
Precio de venta	3,00	3,00	3,00	3,00	3,00
SUB - TOTAL	144.000	162.000	180.000	180.000	180.000
INGRESO BRUTO POR VENTAS	**374.400**	**421.200**	**468.000**	**468.000**	**468.000**

COSTO DE PRODUCCIÓN
En dólares americanos

Detalle	Año 1	Año 2	Año 3	Año 4	Año 5
BOBINAS PLASTICAS (60%)					
Volumen de producción (Kgr)	72.000	81.000	90.000	90.000	90.000
Costo unitario materia prima	2,00	2,00	2,00	2,00	2,00
Costo materia prima	144.000	162.000	180.000	180.000	180.000
BOLSAS PLASTICAS (40%)					
Volumen de producción (Kgr)	48.000	54.000	60.000	60.000	60.000
Costo unitario materia prima	1,78	1,78	1,78	1,78	1,78
Costo materia prima	85.440	96.120	106.800	106.800	106.800
MATERIA PRIMA E INSUMOS	229.440	258.120	286.800	286.800	286.800
MANO DE OBRA DIRECTA	37.080	37.080	37.080	37.080	37.080
GASTOS INDIRECTOS DE FABRICACIÓN					
Energia electrica, agua (0,3739% s/ ventas)	1.400	1.575	1.750	1.750	1.750
Combustibles y lubricantes (0,1068% s/ ventas)	400	450	500	500	500
Mantenimiento	600	600	600	600	600
COSTO DE PRODUCCIÓN	**268.920**	**297.825**	**326.730**	**326.730**	**326.730**

Período de cobro	30 dias
Período del inventario	60 dias
Período de pago	45 dias

REQUERIMIENTO DE CAPITAL DE TRABAJO
En dólares americanos

Detalle	Año 0	Año 1	Año 2	Año 3	Año 4	Año 5
Efectivo (1% sobre ventas)	3.744	3.744	4.212	4.680	4.680	4.680
Cuentas por cobrar	30.773	30.773	34.619	38.466	38.466	38.466
Inventarios	44.206	44.206	48.958	53.709	53.709	53.709
Cuentas por pagar	33.155	33.155	36.718	40.282	40.282	40.282
CAPITAL DE TRABAJO NETO	**45.568**	**45.568**	**51.071**	**56.573**	**56.573**	**56.573**
VARIACIONES EN EL CTN	**45.568**	**0**	**5.502**	**5.502**	**0**	**0**

GASTOS DE ADMINISTRACIÓN
En dólares americanos

Detalle	Año 1	Año 2	Año 3	Año 4	Año 5
Sueldos y salarios departamento administración	27.372	27.372	27.372	27.372	27.372
Gastos generales	520	520	520	520	520
Seguro	1.200	1.200	1.200	1.200	1.200
GASTOS DE ADMINISTRACIÓN	**29.092**	**29.092**	**29.092**	**29.092**	**29.092**

GASTOS DE COMERCIALIZACIÓN
En dólares americanos

Detalle	Año 1	Año 2	Año 3	Año 4	Año 5
Sueldos y salarios departamento ventas	14.076	14.076	14.076	14.076	14.076
Comisiones sobre ventas (1% s/ ventas)	3.744	4.212	4.680	4.680	4.680
Publicidad y promoción (2% s/ ventas)	7.488	8.424	9.360	9.360	9.360
GASTOS DE COMERCIALIZACIÓN	**25.308**	**26.712**	**28.116**	**28.116**	**28.116**

CUADRO DE DEPRECIACIÓN DEL ACTIVO FIJO Y AMORTIZACIÓN DE ACTIVOS INTANGIBLES
En dólares americanos

Detalle	Valor activo fijo	Vida útil (Años)	Depreciación anual	Valor residual 5° Año	Valor de mercado 5° Año
ACTIVO FIJO					
Terreno	10.000		0	10.000	
Obras civiles	93.000	40	2.325	81.375	
Maquinaria y equipo	70.000	8	8.750	26.250	
Muebles y enseres	9.000	10	900	4.500	
Vehículos	18.000	5	3.600	0	
ACTIVO INTANGIBLE	5.000	5	1.000	0	
TOTAL	**205.000**		**16.575**	**122.125**	

ESTADO DE RESULTADOS PROYECTADO
En dólares americanos

Detalle	Año 1	Año 2	Año 3	Año 4	Año 5
Ingreso por ventas	374.400	421.200	468.000	468.000	468.000
(-) Costo de producción	268.920	297.825	326.730	326.730	326.730
(-) Gastos de administración	29.092	29.092	29.092	29.092	29.092
(-) Gastos de comercialización	25.308	26.712	28.116	28.116	28.116
(-) Depreciación y amortización	16.575	16.575	16.575	16.575	16.575
E.B.I.T.	34.505	50.996	67.487	67.487	67.487
(-) Intereses	7.200	7.200	5.400	3.600	1.800
E.B.T.	27.305	43.796	62.087	63.887	65.687
(-) Impuesto a las utilidades (25% s / E.B.T)	6.826	10.949	15.522	15.972	16.422
Utilidad neta	20.479	32.847	46.565	47.915	49.265

FLUJO DE CAJA DEL PROYECTO
En dólares americanos

Detalle	Año 0	Año 1	Año 2	Año 3	Año 4	Año 5
E.B.I.T.		34.505	50.996	67.487	67.487	67.487
(+) Depreciación y amortización		16.575	16.575	16.575	16.575	16.575
(-) Impuestos (25% s / E.B.I.T)		-8.626	-12.749	-16.872	-16.872	-16.872
(-) Inversiones fijas	-200.000					
(-) Inversión intangible	-5.000					
(-) Variaciones en el CTN	-45.568	0	-5.502	-5.502	0	0
(+) Valor residual inversión fija						122.125
(+) Recuperación CTN						56.573
FLUJO DE CAJA DEL PROYECTO	**-250.568**	**42.454**	**49.320**	**61.688**	**67.190**	**245.888**

Rendimiento requerido = 11,70%

PRI = 4,45 años

PRD = 6,40 años

VAN = 55.799

TIR = 18,07%

IR = 1,22

FLUJO DE CAJA DEL ACCIONISTA
En dólares americanos

Detalle	Año 0	Año 1	Año 2	Año 3	Año 4	Año 5
Utilidad neta		20.479	32.847	46.565	47.915	49.265
(+) Depreciación y amortización		16.575	16.575	16.575	16.575	16.575
(-) Inversiones fijas	-200.000					
(-) Inversiones intangibles	-5.000					
(-) Variaciones en el CTN	-45.568	0	-5.502	-5.502	0	0
(+) Préstamo	80.000					
(-) Amortización préstamo		0	-20.000	-20.000	-20.000	-20.000
(+) Valor residual inversión fija						122.125
(+) Recuperación CTN						56.573
FLUJO DE CAJA DEL ACCIONISTA	**-170.568**	**37.054**	**23.920**	**37.638**	**44.490**	**224.538**

Rendimiento requerido = 14,00%
VAN = 48.705
TIR = 21,95%
IR = 1,29

FUENTES Y USOS DE FONDOS
En dólares americanos

Detalle	Año 0	Año 1	Año 2	Año 3	Año 4	Año 5
FUENTES						
Ingreso por ventas		374.400	421.200	468.000	468.000	468.000
Préstamo	80.000					
Aporte propio	170.568					
Otros financiamientos	33.155					
TOTAL FUENTES	**283.723**	**374.400**	**421.200**	**468.000**	**468.000**	**468.000**
USOS						
Inversiones fijas	200.000					
Inversiones intangibles	5.000					
Capital de trabajo	78.723	0	5.502	5.502	0	0
Costo de producción		268.920	297.825	326.730	326.730	326.730
Gastos de administración		29.092	29.092	29.092	29.092	29.092
Gastos de comercialización		25.308	26.712	28.116	28.116	28.116
Intereses		7.200	7.200	5.400	3.600	1.800
Amortización préstamo		0	20.000	20.000	20.000	20.000
Impuesto a las utilidades		6.826	10.949	15.522	15.972	16.422
Dividendos		12.287	19.708	27.939	28.749	29.559
TOTAL USOS	**283.723**	**349.634**	**416.989**	**458.301**	**452.259**	**451.719**
EXCEDENTE/DEFICIT	**0**	**24.767**	**4.211**	**9.699**	**15.741**	**16.281**
SALDO ACUMULADO	**0**	**24.767**	**28.978**	**38.676**	**54.418**	**70.699**

BALANCE GENERAL PROYECTADO
En dólares americanos

Detalle	Año 0	Año 1	Año 2	Año 3	Año 4	Año 5
ACTIVO						
CIRCULANTE						
Efectivo		24.767	28.978	38.676	54.418	70.699
Efectivo mínimo	3.744	3.744	4.212	4.680	4.680	4.680
Cuentas por cobrar	30.773	30.773	34.619	38.466	38.466	38.466
Inventarios	44.206	44.206	48.958	53.709	53.709	53.709
TOTAL ACTIVO CIRCULANTE	78.723	103.489	116.767	135.531	151.272	167.553
FIJO E INTANGIBLE						
Activo fijo bruto	205.000	205.000	205.000	205.000	205.000	205.000
(-) Depreciación acumulada	0	16.575	33.150	49.725	66.300	82.875
ACTIVO FIJO NETO	205.000	188.425	171.850	155.275	138.700	122.125
TOTAL ACTIVO	**283.723**	**291.914**	**288.617**	**290.806**	**289.972**	**289.678**
PASIVO						
CIRCULANTE						
Cuentas por pagar	33.155	33.155	36.718	40.282	40.282	40.282
PASIVO LARGO PLAZO						
Prestamos bancarios L.P.	80.000	80.000	60.000	40.000	20.000	0
TOTAL PASIVO	113.155	113.155	96.718	80.282	60.282	40.282
PATRIMONIO NETO						
Capital	170.568	170.568	170.568	170.568	170.568	170.568
Utilidades acumuladas	0	8.192	21.330	39.956	59.123	78.829
TOTAL PATRIMONIO NETO	170.568	178.760	191.898	210.525	229.691	249.397
TOTAL PASIVO Y PATRIMONIO	**283.723**	**291.914**	**288.617**	**290.806**	**289.972**	**289.678**

DETERMINACIÓN DEL PUNTO DE EQUILIBRIO CONTABLE			
CLASIFICACIÓN COSTOS FIJOS Y VARIABLES			
Concepto	Costo total	Costo var.	Costo fijo
COSTO DE PRODUCCIÓN			
Materia prima e insumos	229.440	229.440	
Mano de obra directa	37.080	37.080	
G.I.F.			
Energia electrica y agua	1.400	1.400	
Combustibles y lubricantes	400	400	
Mantenimiento	600		600
GASTOS DE ADMINISTRACIÓN			
Sueldos y salarios	27.372		27.372
Gastos generales	520		520
Seguros	1.200		1.200
GASTOS DE COMERCIALIZACIÓN		0	
Sueldos y salarios	14.076		14.076
Comisiones sobre ventas	3.744	3.744	
Publicidad y promoción	7.488	7.488	
DEPRECIACIÓN Y AMORTIZACIÓN	16.575		16.575
INTERESES	7.200		7.200
TOTAL	**347.095**	**279.552**	**67.543**

Cálculo del punto de equilibrio contable:

$$PE = \frac{CF}{1 - CV/IT} = \frac{67.543}{0,25333333} = 266.617$$

Producto	Participación	Ventas	Precio	Cantidad
Bobinas	61,54%	164.072	3,20	51.273
Bolsas	38,46%	102.545	3,00	34.182
		266.617		

Preguntas y problemas

1. **Determinación del flujo de caja de operación**

   Howar Corp. ha proyectado ventas anuales de US$ 16.500 para un proyecto de expansión. Los costos representan el 60% de las ventas, la depreciación asciende a US$ 2.000 y la tasa impositiva es del 25%. Determinar el flujo de caja de operación por los cuatro enfoques (Enfoque EBIT, ascendente, descendente y de protección fiscal).

2. **Determinación del flujo de caja del proyecto**

   Fiberplat S.A. esta evaluando un proyecto que requiere de una inversión fija de US$ 180.000 y un capital de trabajo neto de US$ 27.500. La inversión fija tiene una vida útil de tres años y se estima que tendrán un valor de mercado de US$ 32.000 al final del proyecto. El proyecto generará ventas anuales de US$ 175.000, con costos de producción y de operación anuales de US$ 80.000. La tasa del impuesto a las utilidades es 25% y el rendimiento requerido 11%. Determinar el flujo de caja del proyecto y calcule el valor actual neto, la tasa interna de retorno y el índice de rentabilidad.

3. **Evaluación económica financiera de proyectos**

   Se cuenta con la siguiente información de un proyecto que se encuentra en estudio:

   - Las inversiones fijas requeridas son las siguientes:

Terreno	US$ 120.000
Obras civiles	US$ 200.000
Maquinaria y equipo	US$ 360.000
Muebles y enseres	US$ 20.000

   - Se contempla financiamiento bancario por US$ 200.000 bajo las siguientes condiciones:

Plazo:	5 años
Periodo de gracia:	1 año
Amortización:	Anual
Tasa de interés:	8% anual
Tipo de amortización:	Fija a capital

- La capacidad instalada de la planta industrial es de 50.000 unidades / año.
- El programa de producción contempla los siguientes porcentajes de utilización de la capacidad instalada:

	Año 1	Año 2	Año 3	Año 4	Año 5
% Utilización capacidad instalada	60%	70%	80%	100%	100%

- El precio de venta unitario es de US$ 18.
- Las ventas se realizaran a un plazo promedio de 30 días, las compras se efectuaran a crédito a 45 días plazo y el periodo del inventario es de 60 días.
- El costo de producción unitario es de US$ 7.
- Los gastos de administración asciende a US$ 25.000, que se constituyen en costos fijos.
- Los gastos de comercialización del primer año asciende a la suma de US$ 50.000, del cual se considera 54% como costo variable y 46% como costo fijo.
- La tasa del impuesto a las utilidades es 25%.

a) Elaborar el flujo de caja del proyecto y calcular el periodo de recuperación de la inversión, el período de recuperación descontado, el valor actual neto, la tasa interna de retorno y el índice de rentabilidad, considerando que el rendimiento requerido es 15%

b) Elaborar el flujo de caja del accionista y calcular el valor actual neto, tasa interna de retorno e índice de rentabilidad, considerando que el rendimiento requerido por los accionistas es 18%

c) Determinar el punto de equilibrio contable.

d) Elaborar el balance general proyectado considerando que no se distribuyen dividendos.

4. **Evaluación económica financiera de proyectos**

Se cuenta con la siguiente información de un proyecto de implementación de una fábrica de parquet y revestimiento.

Inversiones fijas e inversiones intangibles requeridas

Terreno	US$ 40.000
Pozo de agua	US$ 10.000
Obras civiles	US$ 124.000
Maquina fabricación de parquet	US$ 250.000
Maquina fabricación revestimiento	US$ 350.000
Muebles y enseres	US$ 16.000
Gastos de puesta en marcha	US$ 10.000

Estructura del financiamiento

Se contempla financiamiento bancario bajo las siguientes condiciones:

Monto préstamo:	US$ 300.000
Destino del crédito: Obras civiles	US$ 50.000
Adquisición de maquinaria	US$ 250.000

Plazo:	5 años
Periodo de gracia:	1 año
Amortización:	Anual
Tasa de interés:	8% anual
Tipo de amortización:	Cuota fija a capital

Aspectos técnicos

Capacidad instalada maquina fabricación parquet:	100.000 m^2 / año.
Capacidad instalada maquina fabricación revestimiento	150.000 m^2/año

	Año 1	Año 2	Año 3	Año 4	Año 5
Parquet					
% Utilización capacidad instalada	50%	80%	85%	90%	100%
Revestimiento					
% Utilización capacidad instalada	60%	75%	80%	100%	100%

Para la fabricación de 500 m^2 de parquet se necesita 15,80 m^3 de madera aserrada.
Para la fabricación de 500 m^2 de revestimiento se necesita 15,80 m^3 de madera aserrada.

Presupuesto de ingresos y gastos

Precios de venta (1er año):	Parquet	US$ 3,20 / m^2
	Revestimiento	US$ 3,00 / m^2
Costo de la madera aserrada (1er año)		US$ 30,0 / m^3
Tasa de inflación proyectada		6% anual.
Período de ventas a crédito		60 días
Período del inventario		90 días
Periodo de pago a proveedores		45 días

Gastos indirectos de fabricación (1er año)

Energía eléctrica	US$ 3.500 / año	(Costo variable)
Lubricantes y repuestos	US$ 1.250 / año	(Costo variable)
Mantenimiento	US$ 800 / año	(Costo fijo)

Gastos de administración (1er año)

Gastos generales	US$ 2.500 / año	(Costo fijo)
Seguros	US$ 3.500 / año	(Costo fijo)

Gastos de comercialización

Comisiones sobre ventas	1,5% sobre ventas
Publicidad	1% sobre ventas

Tasas impositivas

Impuesto a las utilidades	25%

Planilla de sueldos y salarios mensual (para el 1er año)

PLANILLA DE SUELDOS Y SALARIOS MENSUAL
En dólares americanos

CARGO	HABER BÁSICO	NUMERO DE PERSONAS	TOTAL HABER BÁSICO	FONDO DE PENSIONES	FONDO PRO-VIVIENDA	SEGURO SALUD	PREVISIÓN INDEMNIZ.	PREVISIÓN AGUINALDO	TOTAL APORTE PATRONAL	COSTO TOTAL
				1,71%	2,00%	10,00%	8,33%	8,33%	30,37%	
Departamento de Administración										
Gerente general	900	1	900	15	18	90	75	75	273	1.173
Secretaria	250	1	250	4	5	25	21	21	76	326
Gerente de finanzas	600	1	600	10	12	60	50	50	182	782
Contador	300	1	300	5	6	30	25	25	91	391
SUB TOTAL										2.673
Departamento de ventas										
Gerente comercial	600	1	600	10	12	60	50	50	182	782
Vendedores	200	3	600	10	12	60	50	50	182	782
SUB TOTAL										1.564
Departamento de producción										
Gerente de produc.	600	1	600	10	12	60	50	50	182	782
Operarios	350	6	2.100	36	42	210	175	175	638	2.738
SUB TOTAL										3.520
TOTAL GENERAL										7.757

Los sueldos del departamento de administración y de ventas se consideran como costo fijo.
El sueldo del gerente de producción se debe considerar como costo fijo y el sueldo de los operarios como costo variable.

Rendimiento requerido

Rendimiento requerido para el proyecto: 11%
Rendimiento requerido por los accionistas: 14%

a) Elaborar el plan de inversiones y estructura del financiamiento
b) Calcular el capital de trabajo neto en base al método de razones financieras, considerando que el requerimiento mínimo de efectivo es de 1% sobre las ventas anuales.
c) Elaborar el estado de resultados proyectado.
d) Determinar el punto de equilibrio contable.
e) Elaborar el flujo de caja de proyecto en términos nominales y calcular el período de recuperación de la inversión, el período de recuperación descontado, valor actual neto, la tasa interna de retorno y el índice de rentabilidad.
f) Elaborar el flujo de caja del accionista en términos nominales y calcular el valor actual neto, la tasa interna de retorno y el índice de rentabilidad.
g) Elaborar el cuadro de fuentes y usos de fondos y el balance general proyectado considerando que se distribuye el 40% de las utilidades netas como dividendos.

11 La inflación en la evaluación de proyectos

En este capítulo veremos el tratamiento de la inflación en la evaluación económica financiera de proyectos, término con el que nos referimos al incremento general y sostenido del nivel de precios de una economía.

11.1. Flujos de caja nominales y flujos de caja reales

Los flujos de caja de un proyecto se pueden expresar en términos nominales o en términos reales. Un flujo de caja nominal refleja el verdadero importe que se recibirá en el futuro. Un flujo de caja real expresa el poder adquisitivo del flujo de caja.

Los flujos de caja nominales se deben descontar con tasas nominales y los flujos de caja reales se deben descontar con tasas reales.

En el capítulo 8 vimos que las tasas de interés nominales y las tasas de interés reales se relacionan de la siguiente manera:

(1 + Tasa interés nominal) = (1 + Tasa interés real) x (1 + Tasa inflación)

Un proyecto se puede elaborar con flujos nominales o flujos reales, llegando en ambos casos al mismo resultado, como se demuestra en los ejemplos 11.1 y 11.2.

Ejemplo 11.1. Flujos de caja nominal y real

Se ha establecido los siguientes flujos de caja nominales de un proyecto en estudio:

	Año 0	Año 1	Año 2	Año 3
Flujo de caja nominal	-10.000	4.000	5.000	6.000

La tasa de interés nominal es 12% y se ha proyectado que la tasa de inflación será 5%. Determinar el valor actual neto del proyecto.

El valor actual neto del flujo de caja nominal descontado a la tasa nominal del 12% es:

$$VAN\ (12\%) = -10.000 + \frac{4.000}{1,12} + \frac{5.000}{(1,12)^2} + \frac{6.000}{(1,12)^3}$$

$$VAN\ (12\%) = 1.828,08$$

El flujo de caja real del año n se obtiene dividiendo el flujo de cada año entre uno mas la tasa de inflación elevada a la potencia n, es decir dividiendo entre 1,05 en el año 1, entre $(1,05)^2$ en el año 2 y entre $(1,05)^3$ en el año 3.

	Año 0	Año 1	Año 2	Año 3
Flujo de caja real	-10.000	3.810	4.535	5.183

La tasa de interés real se determina de la siguiente manera:

$$\text{Tasa de interes real} = \frac{1,12}{1,05} - 1 = 6,66667\%$$

El valor actual neto del flujo de caja real descontado a la tasa real del 6,66667% es:

$$\text{VAN }(6,66667\%) = -10.000 + \frac{3.810}{1,0666667} + \frac{4.535}{(1,0666667)^2} + \frac{5.183}{(1,0666667)^3}$$

$$\text{VAN }(6,66667\%) = 1.828,08$$

El valor actual neto es el mismo ya sea que los flujos de caja se expresen en términos nominales o reales.

Ejemplo 11.2.   # Flujos de caja nominal y real

Mertex S.A. esta evaluando una nueva línea de producción que requiere una inversión fija de US$ 300.000, la cual tiene una vida útil de 8 años.

- El programa de producción proyectado es el siguiente:

	Año 1	Año 2	Año 3	Año 4
Volumen de producción (unidades)	12.000	13.000	14.000	15.000

- El precio de venta unitario real es de US$ 20, el costo variable unitario real es de US$ 12 y el costo fijo anual real US$ 18.000.
- Se pronostica que la tasa de inflación será de 4% anual durante los próximos cuatro años.
- La tasa del impuesto a las utilidades es 25% y el rendimiento requerido en términos nominales es 15%.

Determinar el flujo de caja del proyecto en términos nominales y en términos reales y hallar el valor actual neto y la tasa interna de retorno.

Enfoque en términos nominales

El ingreso bruto por ventas de cada periodo se determina multiplicando el volumen de producción proyectado por el precio de venta unitario de cada periodo. El precio real de US$ 20 es el precio en el año cero. Para determinar el precio en el año 1 se multiplica US$ 20 por (1 + inflación), es decir por 1,04. Para determinar el precio del año 2 se multiplica el precio del año 1 por 1,04 y así sucesivamente. Alternativamente se puede calcular el precio de cada año de la siguiente manera:

Año 1 $20 \times 1,04$

Año 2 $20 \times 1,04^2$

Año 3 $20 \times 1,04^3$

Año 4 $20 \times 1,04^4$

PRONOSTICO DE VENTAS

En dólares americanos

Concepto	Año 1	Año 2	Año 3	Año 4
Volumen de producción (Unidades)	12.000	13.000	14.000	15.000
Precio de venta unitario	20,8	21,6	22,5	23,4
Ingreso bruto por ventas	**249.600**	**281.216**	**314.962**	**350.958**

El costo variable total de cada periodo se calcula de la misma manera, se multiplica el volumen de producción proyectado por el costo variable unitario. El costo variable unitario del año 1 se calcula multiplicando US$ 12 por 1,04. Para el año 2 se multiplica el precio del año 1 por 1,04 y así sucesivamente para los años siguientes.

COSTO VARIABLE

En dólares americanos

Concepto	Año 1	Año 2	Año 3	Año 4
Volumen de producción (Unidades)	12.000	13.000	14.000	15.000
Costo variable unitario	12,5	13,0	13,5	14,0
Costo variable total	**149.760**	**168.730**	**188.977**	**210.575**

Para elaborar el estado de resultados se debe incluir el costo fijo y la depreciación. El costo fijo del año 1 se calcula multiplicando el costo fijo real de US$ 18.000 por 1,04, para el año 2 se multiplica el costo fijo del año 1 por 1,04 y así sucesivamente para los siguientes años. La depreciación como es un valor nominal se calcula dividiendo la inversión fija entre su vida útil, importe que asciende a US$ 37.500 que se mantiene en todos los años.

ESTADO DE RESULTADOS PROYECTADO

En dólares americanos

Concepto	Año 1	Año 2	Año 3	Año 4
Ingreso por ventas	249.600	281.216	314.962	350.958
(-) Costo variable	149.760	168.730	188.977	210.575
(-) Costo fijo	18.720	19.469	20.248	21.057
(-) Depreciación	37.500	37.500	37.500	37.500
EBIT	43.620	55.518	68.237	81.826
(-) Impuestos (25%)	10.905	13.879	17.059	20.456
Utilidad neta	32.715	41.638	51.178	61.369

Para elaborar el flujo de caja del proyecto se debe añadir el valor residual al final del periodo, importe que se calcula restando de la inversión fija la depreciación acumulada por los cuatro años. Para determinar el valor actual neto se utiliza como tasa de descuento la tasa nominal del 15%.

FLUJO DE CAJA DEL PROYECTO

En dólares americanos

Concepto	Año 0	Año 1	Año 2	Año 3	Año 4
EBIT		43.620	55.518	68.237	81.826
(+) Depreciación		37.500	37.500	37.500	37.500
(-) Impuestos		-10.905	-13.879	-17.059	-20.456
Inversión fija	-300.000				
Valor residual					150.000
Flujo de caja del proyecto	**-300.000**	**70.215**	**79.138**	**88.678**	**248.869**

VAN (15%) = 21.495

TIR = 17,82%

Enfoque en términos reales

Para determinar el ingreso bruto se multiplica el volumen de producción proyectado por el precio de venta real estimado de US$ 20 que se mantiene en los cuatro años proyectados.

PRONOSTICO DE VENTAS
En dólares americanos

Concepto	Año 1	Año 2	Año 3	Año 4
Volumen de producción (Unidades)	12.000	13.000	14.000	15.000
Precio de venta unitario	20,0	20,0	20,0	20,0
Ingreso bruto por ventas	**240.000**	**260.000**	**280.000**	**300.000**

Para determinar el costo variable total se multiplica el volumen de producción por el costo variable unitario real, que también se mantiene en todos los años.

COSTO VARIABLE
En dólares americanos

Concepto	Año 1	Año 2	Año 3	Año 4
Volumen de producción (Unidades)	12.000	13.000	14.000	15.000
Costo variable unitario	12,0	12,0	12,0	12,0
Costo variable total	**144.000**	**156.000**	**168.000**	**180.000**

En el estado de resultados se incluye el costo fijo real de US$ 18.000 que se mantiene constante en todos los años. La depreciación debe ajustarse en términos reales dividiendo la depreciación de cada periodo en términos nominales entre uno mas la tasa de inflación elevada a la potencia n. Es decir para el año 1 la depreciación nominal de US$ 37.500 se divide entre $(1,04)$, en el año 2 la depreciación nominal de US$ 37.500 se divide entre $(1,04)^2$ y así sucesivamente para los años siguientes.

ESTADO DE RESULTADOS PROYECTADO
En dólares americanos

Concepto	Año 1	Año 2	Año 3	Año 4
Ingreso por ventas	240.000	260.000	280.000	300.000
(-) Costo variable	144.000	156.000	168.000	180.000
(-) Costo fijo	18.000	18.000	18.000	18.000
(-) Depreciación	36.058	34.671	33.337	32.055
EBIT	41.942	51.329	60.663	69.945
(-) Impuestos (25%)	10.486	12.832	15.166	17.486
Utilidad neta	31.457	38.497	45.497	52.459

En el flujo de caja del proyecto se debe añadir el valor residual en términos reales, importe que se calcula dividiendo el valor residual nominal de US$ 150.000 entre $(1,04)^4$. El valor actual neto se calcula utilizando como tasa de descuento el rendimiento requerido real, que se calcula de la siguiente manera:

$$\text{Tasa real} = \frac{(1 + \text{Tasa nominal})}{(1 + \text{inflación})} - 1$$

$$\text{Tasa real} = \frac{(1 + 0,15)}{(1 + 0,04)} - 1$$

$$\text{Tasa real} = 10,58\%$$

FLUJO DE CAJA DEL PROYECTO

En dólares americanos

Concepto	Año 0	Año 1	Año 2	Año 3	Año 4
EBIT		41.942	51.329	60.663	69.945
(+) Depreciación		36.058	34.671	33.337	32.055
(-) Impuestos		-10.486	-12.832	-15.166	-17.486
Inversión fija	-300.000				
Valor residual					128.221
Flujo de caja del proyecto	**-300.000**	**67.514**	**73.168**	**78.834**	**212.734**

VAN (10,58%) = 21.495

TIR = 13,29%

El valor actual neto calculado con valores reales es exactamente el mismo que se determinó con valores nominales.

Con flujos nominales se determinó una tasa interna de retorno nominal de 17,82% y con flujos reales se ha determinado una tasa interna de retorno real de 13,29%. La relación que existe entre ambos resultados es la siguiente:

$$\text{TIR}_{real} = \frac{(1 + \text{TIR}_{nominal})}{(1 + \text{inflación})} - 1$$

$$\text{TIR}_{real} = \frac{(1 + 0,1782)}{(1 + 0,04)} - 1$$

$$\text{TIR}_{real} = 13,29\%$$

Preguntas y problemas

1. Flujo de caja nominal y flujo de caja real

Considere los siguientes flujos de caja de dos proyectos mutuamente excluyentes:

Año	Flujo de caja Proyecto A	Flujo de caja Proyecto B
0	-40.000	-50.000
1	20.000	10.000
2	15.000	20.000
3	15.000	40.000

Los flujos de caja del proyecto A se expresan en términos reales, mientras que los del proyecto B se expresan en términos nominales. El rendimiento requerido nominal es 15% y la tasa de inflación es 4%. Que proyecto se debe elegir?

2. Flujo de caja nominal y flujo de caja real

Etonic Corp. considera invertir US$ 280.000 en un proyecto con una vida económica de cinco años. La empresa estima que los ingresos por ventas anuales en términos nominales será US$ 210.000 y el costo de ventas y gastos de operación nominales US$ 98.000. Se estima que el valor de mercado de la inversión fija al final de su vida económica será de US$ 30.000 en términos nominales. El capital de trabajo neto requerido es de US$ 10.000. La tasa de inflación es 3%, la tasa impositiva 25% y el rendimiento requerido nominal 15%. Evaluar el proyecto con flujos de cajas nominales y reales. Se debería aceptar el proyecto?

12 Costo de capital

Una variable importante en la evaluación de un proyecto es la tasa de descuento utilizada en la actualización de los flujos de caja. Esta tasa de descuento o rendimiento requerido es el costo de capital del proyecto. En este capítulo se estudia los componentes del costo de capital y el procedimiento para calcularlo.

12.1. Componentes del costo de capital

El costo de capital es la tasa de descuento que se utiliza para evaluar un proyecto de inversión, es decir es la tasa que se emplea para determinar el valor actual neto de los flujos de caja proyectados.

El costo de capital representa la rentabilidad mínima que se le exigirá al proyecto, según su riesgo, de manera tal que el retorno esperado permita recuperar la totalidad de la inversión inicial, pagar los intereses por el financiamiento externo recibido y cubrir el rendimiento que el inversionista exige por sus recursos propios.

En consecuencia, el costo de capital de un proyecto es el precio que se paga por los fondos obtenidos para financiar la inversión, es decir el costo promedio ponderado de las distintas fuentes de financiamiento.

Un proyecto se puede financiar con recursos de los accionistas o con recursos ajenos. El costo de utilizar los recursos de los accionistas se denomina costo del capital accionario, el costo de los recursos ajenos se denomina costo de la deuda.

12.2. Costo del capital accionario

El costo del capital accionario es el rendimiento que requieren los inversionistas sobre los recursos invertidos en la empresa.

Existen dos enfoques para determinar el costo del capital accionario:

- El modelo de crecimiento de dividendos
- El modelo CAPM (Capital Assets Pricing Model)

Modelo de crecimiento de dividendos

Este modelo considera que los dividendos de una empresa crecerán a una tasa constante **g** de manera indefinida, que gráficamente se la representa de la siguiente manera:

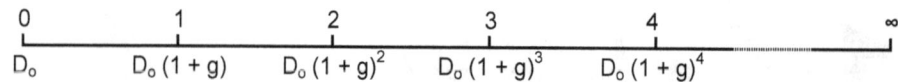

El modelo establece que el precio actual de una acción se determina con la siguiente formula:

$$P_o = \frac{D_o(1+g)}{i-g} = \frac{D_1}{i-g}$$

Donde:

P_o   Precio actual por acción
D_o   Dividendo que se acaba de pagar
D_1   Dividendo proyectado para el siguiente período
i   Rendimiento que los accionistas requerirán sobre la acción
g   Tasa de crecimiento esperada de dividendos

Si el rendimiento requerido por las accionistas lo representamos por K_e y despejamos este valor tendremos:

$$P_o = \frac{D_1}{K_e - g}$$

$$K_e = \frac{D_1}{P_o} + g$$

Como K_e es el rendimiento que requerirán los accionistas sobre su inversión, es el costo del capital accionario.

Ejemplo 12.1.   Cálculo del costo del capital accionario

Miller Corp. pagó un dividendo de US$ 5 por acción el año pasado. Las acciones se venden actualmente en US$ 40 por acción. Se estima que el dividendo crecerá a una tasa de 4% anual indefinidamente. Determinar el costo de capital accionario.

Datos:
D_o = US$ 5
P_o = US$ 40
g   = 4%

Solución:
$D_1 = D_o(1+g)$
$D_1 = 5(1 + 0,04)$
$D_1 = 5,20$

$$K_e = \frac{D_1}{P_0} + g$$

$$K_e = \frac{5,2}{40} + 0,04$$

$$K_e = 0,17 = 17\%$$

La tasa de crecimiento **g** se puede estimar en base al comportamiento histórico de los dividendos, a través del pronostico de especialistas en la materia o sacando promedios de distintas estimaciones.

La desventaja del modelo de crecimiento de dividendos es que es aplicable solo a empresas que pagan dividendos y que los dividendos tengan una tasa de crecimiento constante. Asimismo, este modelo no toma en cuenta el riesgo de la inversión.

Modelo CAPM

El modelo de valuación de los activos de capital más conocido como modelo CAPM, establece que el rendimiento requerido de una inversión depende de tres factores:

1. La tasa libre de riesgo (R_f)

2. La prima de riesgo de mercado ($R_m - R_f$)

3. El riesgo sistemático medido mediante el coeficiente beta (β).

El modelo establece que el rendimiento requerido sobre el capital accionario (K_e), se determina con la siguiente formula:

$$K_e = R_f + \beta (R_m - R_f)$$

Tasa libre de riesgo. Los gobiernos captan recursos del público mediante la emisión de valores. Estos valores son emitidos a corto y largo plazo. Los valores emitidos a corto plazo en Estados Unidos reciben el nombre de certificados de la tesorería, en otros países tienen otra denominación, como por ejemplo letras del tesoro. Los certificados emitidos a corto plazo se encuentran virtualmente libres de cualquier riesgo de incumplimiento ya que los gobiernos los van a honrar aumentando los impuestos o recurriendo a otras fuentes de financiamiento y no van a llegar a la quiebra. Nos referiremos a la tasa de rendimiento sobre tales deudas con el nombre de rendimiento o tasa libre de riesgo.

Prima de riesgo. Los rendimientos de los valores emitidos por los gobiernos a corto plazo (valores libres de riesgo) son más bajos que los rendimientos de las acciones comunes emitidas por las empresas privadas. Una comparación entre el rendimiento virtualmente libre de riesgo de los certificados del gobierno a corto plazo y el riesgoso rendimiento sobre las acciones comunes puede interpretarse como una medida del rendimiento en exceso de un activo promedio sujeto a riesgo. Este rendimiento en exceso se denomina prima de riesgo, que es el rendimiento adicional que ganamos al desplazarnos desde una inversión libre de riesgo hasta otra que si la tiene y que puede interpretarse como una recompensa por correr riesgos.

El coeficiente beta. La medida que se utiliza para medir el riesgo de una inversión es el coeficiente beta o simplemente beta, que se lo simboliza con la letra griega β.

Un coeficiente beta nos indica la cantidad de riesgo sistemático que tiene un activo respecto a un activo promedio. Por definición, un activo promedio tiene un beta de 1 y un activo libre de riesgo, como no tiene riesgo sistemático, tiene un beta de cero. Por ejemplo, un activo con un beta de 2 tendrá el doble de riesgo sistemático que un activo promedio.

Debido a que los activos con betas más grandes tienen riesgos sistemáticos más grandes, tendrán rendimientos esperados mayores.

Ejemplo 12.2. ## Cálculo del costo del capital accionario

Las acciones de la empresa Carson Company tienen un beta de 1,35. La prima de riesgo de mercado es 7% y la tasa libre de riesgo 4%. ¿Cuál es el costo del capital accionario?

Datos:

$\beta = 1,35$

$PRM = (R_m - R_f) = 7\%$

$R_f = 4\%$

Solución:

$K_e = R_f + \beta(R_m - R_f)$

$K_e = 4\% + 1,35 \times 7\%$

$K_e = 13,45\%$

El coeficiente beta de un determinado sector económico se determina con la siguiente formula:

$$\beta = \frac{Cov\,(R_s, R_m)}{Var\,(R_m)}$$

$$Cov\,(R_s, R_m) = \frac{\sum(R_{si} - \bar{R}_s)(R_{mi} - \bar{R}_m)}{n}$$

$$Var\,(R_m) = \frac{\sum(R_{mi} - \bar{R}_m)^2}{n - 1}$$

Donde:

R_s	Rendimiento del sector
R_m	Rendimiento del mercado
$Cov\,(R_s , R_m)$	Covarianza entre el rendimiento del sector y del mercado
$Var\,(R_m)$	Varianza del rendimiento del mercado

El rendimiento del mercado es el retorno histórico que ha tenido el mercado, el que comúnmente se mide a través de la rentabilidad histórica del mercado bursátil, ya que resulta difícil considerar la rentabilidad de todos los proyectos de una economía.

Ejemplo 12.3. ## Cálculo del coeficiente beta de un sector

Se cuenta con la siguiente información del rendimiento de un determinado sector de la economía y del rendimiento del mercado, a efectos de determinar el coeficiente beta del sector.

Año	Rendimiento del sector	Rendimiento del mercado
2006	-2%	10%
2007	4%	9%
2008	6%	12%
2009	8%	15%
2010	9%	16%

Año	R_{si}	R_{mi}	$R_{si} - \bar{R}_s$	$R_{mi} - \bar{R}_m$	$(R_{si} - \bar{R}_s)(R_{mi} - \bar{R}_m)$	$(R_{mi} - \bar{R}_m)^2$
2006	-0,02	0,10	-0,070	-0,024	0,001680	0,000576
2007	0,04	0,09	-0,010	-0,034	0,000340	0,001156
2008	0,06	0,12	0,010	-0,004	-0,000040	0,000016
2009	0,08	0,15	0,030	0,026	0,000780	0,000676
2010	0,09	0,16	0,040	0,036	0,001440	0,001296
	0,25	0,62	0,000	0,000	0,004200	0,003720

$$\bar{R}_S = \frac{\sum R_{si}}{n} = \frac{0,25}{5} = 0,050$$

$$\bar{R}_m = \frac{\sum R_{mi}}{n} = \frac{0,62}{5} = 0,124$$

$$Cov(R_s, R_m) = \frac{\sum(R_{si} - \bar{R}_s)(R_{mi} - \bar{R}_m)}{n} = \frac{0,0042}{5} = 0,000840$$

$$Var(R_m) = \frac{\sum(R_{mi} - \bar{R}_m)^2}{n-1} = \frac{0,003720}{4} = 0,000930$$

$$\beta = \frac{Cov(R_s, R_m)}{Var(R_m)} = \frac{0,000840}{0,000930} = 0,903226$$

12.3.   Costo de la deuda

El costo de la deuda, que se lo simboliza por K_d, representa los intereses o costo financiero de los recursos obtenidos en préstamos ya sea mediante préstamo bancario o mediante la emisión de bonos.

En virtud a que los intereses son deducibles a efectos de determinar el impuesto a las utilidades, éstos permiten una menor tributación, por lo que el costo de la deuda después de impuestos es $K_d (1 - t_x)$, donde t_x es la tasa del impuesto a las utilidades.

Para ilustrar porque se debe utilizar el costo de la deuda después de impuestos, vamos a considerar un proyecto que ha estimado una utilidad antes de intereses e impuestos de US$ 10.000 al año. La deuda asciende a US$ 50.000, la tasa de interés es 8% anual y la tasa del impuesto a las utilidades es 25%.

La utilidad neta de este proyecto sin deuda y con deuda es la siguiente:

	Sin deuda	Con deuda
Utilidad antes de intereses e impuestos (EBIT)	10.000	10.000
(-) Intereses	0	4.000
Utilidad antes de impuestos (EBT)	10.000	6.000
(-) Impuestos (25%)	2.500	1.500
Utilidad neta	7.500	4.500

La alternativa con deuda incurre en un costo de US$ 4.000 por concepto de intereses (8% sobre US$ 50.000). Al reducirse las utilidades antes de impuestos, el impuesto a las utilidades se reduce de US$ 2.500 a US$ 1.500 por efecto de la deuda.

La utilidad neta disminuye de US$ 7.500 a US$ 4.500, es decir US$ 3.000 menos. En consecuencia el costo real de la deuda será:

$$\frac{3.000}{50.000} = 0,06 = 6\%$$

Aplicando la fórmula tendríamos:

$$K_d (1 - t_x) = 0,08 (1 - 0,25) = 0,06 = 6\%$$

El costo de la deuda de préstamos obtenidos de entidades financieras puede obtenerse directamente, puesto que es la tasa de interés que la empresa deberá pagar sobre sus préstamos. Si la empresa tiene bonos en circulación, el costo de la deuda será el rendimiento al vencimiento de los bonos.

12.4.   Costo promedio ponderado del capital (WACC – Weighted average cost of capital)

El costo promedio ponderado del capital, que lo simbolizaremos por WACC por sus siglas en inglés, es un promedio ponderado de los costos relativos a cada una de las fuentes de financiamiento que utiliza una empresa para financiar sus inversiones, es decir es un promedio ponderado del costo del capital accionario y el costo de la deuda de acuerdo a su participación en la estructura de capital de la empresa.

La fórmula del costo promedio ponderado del capital es la siguiente:

$$WACC = \frac{E}{D + E} K_e + \frac{D}{D + E} K_d (1 - t_x)$$

Donde:

D   Valor de la deuda

E   Valor del capital accionario

K_e Costo del capital accionario

K_d Costo de la deuda

t_x Tasa del impuesto a las utilidades

Para el cálculo se debe utilizar valores de mercado del capital y la deuda de la empresa. Cuando no es posible obtener estimaciones confiables de estos valores se debe utilizar los valores contables tanto de la deuda como del capital accionario, es decir el valor del pasivo (D) y el valor del patrimonio neto (E).

La mezcla de deuda y capital que elige una empresa –su estructura de capital– es una variable de tipo administrativo. En este capítulo asumiremos que la empresa ha elegido una determinada estructura de capital, es decir una razón deuda patrimonio fija que se mantendrá en los periodos proyectados.

La ponderación que tiene el costo de la deuda y el costo del capital accionario dependerá de la razón deuda activos.

Las razones E/(D + E) y D/(D + E) reciben el nombre de pesos de la estructura de capital.

El valor de mercado del capital de la empresa, se calcula de la siguiente manera:

E = Numero de acciones en circulación x Precio por acción

El valor de mercado de la deuda de la empresa, se calcula de la siguiente manera:

D = Numero de bonos en circulación x Precio de mercado

Ejemplo 12.4. Cálculo del WACC con valores contables

Un proyecto requiere una inversión total de US$ 100.000, que va a ser financiado en un 60% por un préstamo bancario al 8% de interés anual y en un 40% con recursos de los accionistas, sobre el que se exige una rentabilidad del 14%. Si la tasa del impuesto a las utilidades es 25% y se supone que la empresa mantendrá en el futuro la actual estructura de capital, cual será el costo promedio ponderado del capital?

$$WACC = \frac{E}{D+E} K_e + \frac{D}{D+E} K_d (1 - t_x)$$

WACC = 0,40 x 0,14 + 0,60 x 0,08 (1 - 0,25) = 0,092

WACC = 9,20%

Ejemplo 12.5. Cálculo del WACC con valores de mercado

Bertz Corp. tiene 150.000 acciones de capital en circulación que se venden actualmente a un precio de US$ 28 cada una. La empresa tiene bonos en circulación por un monto total de US$ 2.000.000 que actualmente se cotizan a 96% de su valor nominal, con un rendimiento al vencimiento del 8,5%. La tasa libre de riesgo es 4,5%, la prima de riesgo de mercado 6%, el beta del sector 1,26 y la tasa del impuesto a las utilidades 25%. Determinar el costo promedio ponderado del capital.

Valor del capital accionario
Valor de mercado = 150.000 acciones x US$ 28 = US$ 4.200.000

Valor de la deuda
Valor nominal = US$ 2.000.000

Valor de mercado = US$ 2.000.000 x 96% = US$ 1.920.000

Estructura de capital
D = US$ 1.920.000
E = US$ 4.200.000
D + E = US$ 6.120.000

Cálculo del costo del capital accionario
R_f = 4,5%
$R_m - R_f$ = 6%
β = 1,26

$K_e = R_f + \beta(R_m - R_f)$

K_e = 4,5% + 1,26 x 6% = 12,06%

$$WACC = \frac{E}{D + E} \; K_e \; + \; \frac{D}{D + E} \; K_d \; (1 - t_x)$$

$$WACC = \frac{4.200.000}{6.120.000} \; 12,06\% \; + \; \frac{1.920.000}{6.120.000} \; 8,5\% \; (1 - 0,25)$$

$$WACC = 10,28\%$$

Ejemplo 12.6. Uso del WACC en evaluación de proyectos

Una empresa esta evaluando un nuevo sistema de control de inventarios que espera le ahorre en costos US$ 18.000 al año después de impuestos durante cinco años. El proyecto requiere de una inversión fija de US$ 70.000. La empresa tiene una razón deuda patrimonio fijada como meta de 0,60. El costo de la deuda es 9%, el costo del capital accionario 16% y la tasa fiscal impositiva es 25%. Evaluar si el proyecto es factible.

El que usemos o no el WACC de la empresa para evaluar el proyecto depende si éste se encuentra dentro la misma clase de riesgo de la empresa. El ahorro en costos esta íntimamente relacionado con las actividades de la empresa, por lo que se puede utilizar el WACC de la empresa para evaluar el proyecto.

Como la razón deuda patrimonio D / E es igual a 0,60, asumimos que E es igual a 1 y D igual a 0,60.

D / E = 0,60	K_e = 16%
E = 1	K_d = 9%
D = 0,60	t_x = 25%
D + E = 1,60	

$$WACC = \frac{E}{D+E}\ K_e\ +\ \frac{D}{D+E}\ K_d\ (1-t_x)$$

$$WACC = \frac{1}{1,6}\ 16\%\ +\ \frac{0,6}{1,6}\ 9\%\ (1-0,25)$$

WACC = 12,53%

$$VAN = -I + A\ \frac{1-(1+i)^{-n}}{i}$$

$$VAN = -70.000\ +\ 18.000\ \frac{1-(1,1253)^{-5}}{0,1253}$$

VAN = - 5.957

El proyecto debe ser rechazado porque el VAN es negativo.

12.5. Cálculo del WACC en la evaluación de proyectos

Para ilustrar como se determina el costo promedio ponderado del capital en la evaluación de proyectos, en el ejemplo 12.7 se presenta la evaluación de un proyecto industrial.

Ejemplo 12.7. **Evaluación de proyecto industrial**

Se dispone de la siguiente información de un proyecto de implementación de una fábrica de tuberías plásticas.

1. **Inversiones fijas e inversiones intangibles requeridas**
   - Terreno — US$ 10.000 (2.000 m^2 a US$ 5 el m^2)
   - Obras civiles — US$ 56.000
   - Maquinaria y equipo — US$ 86.500
   - Muebles y enseres — US$ 3.000
   - Vehículo — US$ 18.000
   - Gastos de puesta en marcha — US$ 5.000

OBRAS CIVILES
En dólares americanos

Descripción	Superficie construida	Costo unitario	Importe total
Planta de producción	200 m^2	150	30.000
Almacen de insumos y prod. terminado	120 m^2	150	18.000
Area administrativa	50 m^2	160	8.000
TOTAL	**370 m^2**	**151,35**	**56.000**

MAQUINARIA Y EQUIPO
En dólares americanos

Descripción	Cantidad	Costo unitario	Importe total
Maquina extrusora I	1	40.000	40.000
Maquina extrusora II	1	45.000	45.000
Compresora	1	1.000	1.000
Bomba de agua	1	500	500
TOTAL			**86.500**

2. Estructura del financiamiento

Se contempla financiamiento bancario bajo las siguientes condiciones:

Monto préstamo: US$ 50.000

Destino del crédito: Obras civiles   US$ 20.000

                       Adquisición de maquinaria   US$ 30.000

Plazo: 5 años

Periodo de gracia: 1 año

Amortización: Anual

Tasa de interés: 8% anual

Tipo de amortización: Cuota fija a capital

3. Aspectos técnicos

Capacidad instalada maquina extrusora I: 60.000 unidades / año

Capacidad instalada maquina extrusora II: 50.000 unidades / año

PROGRAMA DE PRODUCCIÓN

Detalle	Año 1	Año 2	Año 3	Año 4	Año 5
TUBERIAS PLASTICAS ½" (6 Metros)					
% Utilización capacidad instalada	70%	80%	90%	100%	100%
Volumen de producción (unidades)	42.000	48.000	54.000	60.000	60.000
TUBERIAS PLASTICAS ¾" (6 Metros)					
% Utilización capacidad instalada	80%	90%	100%	100%	100%
Volumen de producción (unidades)	40.000	45.000	50.000	50.000	50.000

Para la fabricación de una unidad de tubería plástica de ½" (Barra de 6 metros) se necesita 1,20 Kgr de PVC y 0,005 Kgr de negro de humo.

Para la fabricación de una unidad de tubería plástica de ¾" (Barra de 6 metros) se necesita 2,10 Kgr de PVC y 0,008 Kgr de negro de humo.

4. Presupuesto de ingresos y gastos

Precios de venta primer año: Tubería plástica de ½"   US$ 4,00 / unidad

                             Tubería plástica de ¾"   US$ 5,50 / unidad

Costo de la materia prima primer año: P.V.C.   US$ 1,80 / Kgr

                             Negro de humo   US$ 2,00 / Kgr

Tasa de inflación proyectada: 4% anual

Las ventas se realizaran a un plazo promedio de 30 días.

El periodo del inventario es de 60 días.

Los inventarios serán financiados por el proveedor a 45 días plazo.

Gastos indirectos de fabricación (1er año)

Energía eléctrica   US$ 300 / mes (Costo variable)

Lubricantes y repuestos   US$ 120 / mes (Costo variable)

Mantenimiento   US$ 70 / mes (Costo fijo)

Gastos de administración (1er año)

Gastos generales	US$ 80 / mes (Costo fijo)
Seguros	US$ 120 / mes (Costo fijo)

Gastos de comercialización

Comisiones sobre ventas	1% sobre ventas
Publicidad y promoción	2% sobre ventas

Tasas impositivas

Impuesto a las utilidades	25%

Sueldos y salarios mensual (Para el 1er año)

Cargo	Haber básico	Número de personas
Departamento de administración		
Gerente general	800	1
Secretaria	300	1
Contador	350	1
Departamento de ventas		
Vendedores	300	2
Departamento de producción		
Jefe de producción	400	1
Operarios	320	5

Para el segundo año de operación del proyecto se requerirá de seis operarios y para el tercer año y siguientes siete operarios.

Para determinar el costo total de los sueldos y salarios considerar los siguientes conceptos:

Aporte a la Administración de fondos de pensiones por riesgo profesional	1,71%
Aporte a la Administración de fondos de pensiones pro vivienda	2,00%
Aporte al seguro de salud	10,00%
Previsión para aguinaldos (1 sueldo al año)	8,33% mensual
Previsión para indemnización (1 sueldo por año)	8,33% mensual

5. **Información para determinar el costo del capital accionario**

Tasa libre de riesgo:	4%
Rendimiento del mercado:	12%
Beta del sector:	1,25

a) Elaborar el plan de inversiones y estructura del financiamiento

b) Calcular el capital de trabajo neto en base al método de razones financieras, considerando que el requerimiento mínimo de efectivo es de 1% sobre las ventas anuales.

c) Elaborar las hojas de costo y la planilla de sueldos y salarios.

d) Elaborar el estado de resultados proyectado.

e) Determinar el costo del capital accionario (K_e) y el costo promedio ponderado del capital (WACC).

f) Elaborar el flujo de caja del proyecto en términos nominales considerando una tasa de inflación del 4% anual y calcular el valor actual neto, la tasa interna de retorno y el índice de rentabilidad.

g) Elaborar el flujo de caja del accionista en términos nominales considerando una tasa de inflación del 4% anual y calcular el valor actual neto, la tasa interna de retorno y el índice de rentabilidad.

h) Elaborar el balance general proyectado considerando que se distribuye el 70% de las utilidades netas como dividendos.

PLAN DE INVERSIONES Y ESTRUCTURA DEL FINANCIAMIENTO
En dólares americanos

Concepto	Cantidad	Precio unitario	Monto total	Fuentes de financiamiento		
				Crédito	Aporte propio	Otros financ.
INVERSIONES FIJAS						
Terreno	2.000 m^2	5	10.000		10.000	
Obras civiles	370 m^2	151,35	56.000	20.000	36.000	
Maquinaria y equipo	Global		86.500	30.000	56.500	
Muebles y enseres	Global		3.000		3.000	
Vehículos	1	18.000	18.000		18.000	
SUB TOTAL			173.500	50.000	123.500	0
INVERSIONES INTANGIBLES						
Gastos de puesta en marcha	Global		5.000		5.000	
SUB - TOTAL			5.000		5.000	
CAPITAL DE TRABAJO						
Capital de trabajo			81.849		47.290	34.559
SUB TOTAL			81.849		47.290	34.559
TOTAL			260.349	50.000	175.790	34.559
PORCENTAJE			100%	19,2%	67,5%	13,3%

Monto del préstamo	50.000
Plazo (Años)	5
Período de gracia (años)	1
Tasa de interés	8%
Amortización	Anual
Tipo de amortización	Cuota fija a capital

PLAN DE AMORTIZACIÓN
En dólares americanos

Período (Años)	Saldo préstamo	Capital	Interés	Capital e interés
1	50.000	0	4.000	4.000
2	50.000	12.500	4.000	16.500
3	37.500	12.500	3.000	15.500
4	25.000	12.500	2.000	14.500
5	12.500	12.500	1.000	13.500
		50.000	14.000	64.000

Capacidad máquina extrusora I	60.000	unidades/año
Capacidad máquina extrusora II	50.000	unidades/año
Tasa de inflación	4%	

PRONOSTICO DE VENTAS
En dólares americanos

Detalle	Año 1	Año 2	Año 3	Año 4	Año 5
TUBERIAS PLASTICAS ½" (6 metros)					
% Utilización capacidad instalada	70%	80%	90%	100%	100%
Volumen de producción (unidades)	42.000	48.000	54.000	60.000	60.000
Precio de venta	4,00	4,16	4,33	4,50	4,68
SUB - TOTAL	168.000	199.680	233.626	269.967	280.766
TUBERIAS PLASTICAS ¾" (6 metros)					
% Utilización capacidad instalada	80%	90%	100%	100%	100%
Volumen de producción (unidades)	40.000	45.000	50.000	50.000	50.000
Precio de venta	5,50	5,72	5,95	6,19	6,43
SUB - TOTAL	220.000	257.400	297.440	309.338	321.711
INGRESO BRUTO POR VENTAS	**388.000**	**457.080**	**531.066**	**579.305**	**602.477**

HOJA DE COSTO
En dólares americanos

Producto:	Tuberias plasticas de ½" (6 metros)			Cantidad:	1 unidad
Concepto		**Unidad**	**Cantidad**	**Costo unitario**	**Costo total**
Materia prima e insumos					
P.V.C.		Kgr	1,20	1,80	2,16
Negro de humo		Kgr	0,005	2,00	0,01
				Costo total	**2,17**
				Costo unitario	**2,17**

HOJA DE COSTO
En dólares americanos

Producto:	Tuberias plasticas de ¾" (6 metros)			Cantidad:	1 unidad
Concepto		**Unidad**	**Cantidad**	**Costo unitario**	**Costo total**
Materia prima e insumos					
P.V.C.		Kgr	2,10	1,80	3,78
Negro de humo		Kgr	0,008	2,00	0,02
				Costo total	**3,80**
				Costo unitario	**3,80**

PLANILLA DE SUELDOS Y SALARIOS MENSUAL (1er año)
En dólares americanos

CARGO	HABER BÁSICO	NUMERO DE PERSONAS	TOTAL HABER BÁSICO	FONDO DE PENSIONES	FONDO PRO-VIVIENDA	SEGURO SALUD	PREVISIÓN INDEMNIZ.	PREVISIÓN AGUINALDO	TOTAL APORTE PATRONAL	COSTO TOTAL
				1,71%	2,00%	10,00%	8,33%	8,33%	30,37%	
Departamento de administración										
Gerente general	800	1	800	14	16	80	67	67	243	1.043
Secretaria	300	1	300	5	6	30	25	25	91	391
Contador	350	1	350	6	7	35	29	29	106	456
SUB TOTAL										1.890
Departamento de ventas										
Vendedores	300	2	600	10	12	60	50	50	182	782
SUB TOTAL										782
Departamento de producción										
Jefe de producción	400	1	400	7	8	40	33	33	121	521
Operarios	320	5	1.600	27	32	160	133	133	486	2.086
SUB TOTAL										2.607
TOTAL GENERAL										5.280

COSTO DE PRODUCCIÓN
En dólares americanos

Detalle	Año 1	Año 2	Año 3	Año 4	Año 5
TUBERIAS PLASTICAS DE ½"					
Volumen de producción (unidades)	42.000	48.000	54.000	60.000	60.000
Costo de producción unitario materia prima	2,17	2,26	2,35	2,44	2,54
TUBERIAS PLASTICAS DE ¾"					
Volumen de producción (unidades)	40.000	45.000	50.000	50.000	50.000
Costo de producción unitario materia prima	3,80	3,95	4,11	4,27	4,45
MATERIA PRIMA E INSUMOS	243.140	286.166	332.246	360.181	374.589
MANO DE OBRA DIRECTA					
Jefe de producción	6.258	6.508	6.768	7.039	7.321
Operarios	25.031	31.239	37.903	39.419	40.996
GASTOS INDIRECTOS DE FABRICACIÓN					
Energia electrica, agua (0,9278% s/ ventas)	3.600	4.241	4.927	5.375	5.590
Lubricantes y repuestos (0,3711% s/ ventas)	1.440	1.696	1.971	2.150	2.236
Mantenimiento	840	874	909	945	983
COSTO DE PRODUCCIÓN	**280.309**	**330.724**	**384.724**	**415.110**	**431.714**

Periodo de cobro	30 días
Período del inventario	60 días
Período de pago	45 días

REQUERIMIENTO DE CAPITAL DE TRABAJO
En dólares americanos

Detalle	Año 0	Año 1	Año 2	Año 3	Año 4	Año 5
Efectivo (1% sobre ventas)	3.880	3.880	4.571	5.311	5.793	6.025
Cuentas por cobrar	31.890	31.890	37.568	43.649	47.614	49.519
Inventarios	46.078	46.078	54.366	63.242	68.237	70.967
Cuentas por pagar	34.559	34.559	40.774	47.432	51.178	53.225
CAPITAL DE TRABAJO NETO	**47.290**	**47.290**	**55.730**	**64.770**	**70.466**	**73.285**
VARIACIONES EN EL CTN	**47.290**	**0**	**8.440**	**9.040**	**5.696**	**2.819**

GASTOS DE ADMINISTRACIÓN
En dólares americanos

Detalle	Año 1	Año 2	Año 3	Año 4	Año 5
Sueldos y salarios departamento administración	22.684	23.592	24.535	25.517	26.538
Gastos generales	960	998	1.038	1.080	1.123
Seguro	1.440	1.498	1.558	1.620	1.685
GASTOS DE ADMINISTRACIÓN	**25.084**	**26.088**	**27.131**	**28.217**	**29.345**

GASTOS DE COMERCIALIZACIÓN
En dólares americanos

Detalle	Año 1	Año 2	Año 3	Año 4	Año 5
Sueldos y salarios departamento de ventas	9.387	9.762	10.153	10.559	10.981
Comisiones sobre ventas (1% s/ ventas)	3.880	4.571	5.311	5.793	6.025
Publicidad y promoción (2% s/ ventas)	7.760	9.142	10.621	11.586	12.050
GASTOS DE COMERCIALIZACIÓN	**21.027**	**23.475**	**26.085**	**27.938**	**29.055**

CUADRO DE DEPRECIACIÓN DEL ACTIVO FIJO Y AMORTIZACIÓN DE ACTIVOS INTANGIBLES
En dólares americanos

Detalle	Valor activo fijo	Vida útil (Años)	Depreciación anual	Valor residual 5° Año	Valor de mercado 5° Año
INVERSIONES FIJAS					
Terreno	10.000		0	10.000	
Obras civiles	56.000	40	1.400	49.000	
Maquinaria y equipo	86.500	8	10.813	32.438	
Muebles y enseres	3.000	10	300	1.500	
Vehículos	18.000	5	3.600	0	
INVERSIONES INTANGIBLES	5.000	5	1.000	0	
TOTAL	**178.500**		**17.113**	**92.938**	

ESTADO DE RESULTADOS PROYECTADO
En dólares americanos

Detalle	Año 1	Año 2	Año 3	Año 4	Año 5
Ventas	388.000	457.080	531.066	579.305	602.477
(-) Costo de producción	280.309	330.724	384.724	415.110	431.714
(-) Gastos de administración	25.084	26.088	27.131	28.217	29.345
(-) Gastos de comercialización	21.027	23.475	26.085	27.938	29.055
(-) Depreciación y amortización	17.113	17.113	17.113	17.113	17.113
E.B.I.T.	44.468	59.681	76.013	90.929	95.250
(-) Intereses	4.000	4.000	3.000	2.000	1.000
E.B.T.	40.468	55.681	73.013	88.929	94.250
(-) Impuesto a las utilidades 25%	10.117	13.920	18.253	22.232	23.563
Utilidad neta	30.351	41.761	54.760	66.696	70.688

DETERMINACIÓN DEL COSTO DEL CAPITAL ACCIONARIO

$R_f = 4\%$

$R_m = 12\%$

$\beta = 1,25$

$R_e = R_f + \beta (R_m - R_f) = 4\% + 1,25(12\% - 4\%) = 14\%$

DETERMINACIÓN DEL COSTO PROMEDIO PONDERADO DEL CAPITAL

$D = 50.000$

$E = 175.790$

$D + E = 225.790$

$K_d = 8\%$

$K_e = 14\%$

$t_x = 25\%$

$$WACC = \frac{E}{D + E} K_e + \frac{D}{D + E} K_d (1 - t_x)$$

$$WACC = \frac{175.790}{225.790} 14\% + \frac{50.000}{225.790} 8\% (1 - 0,25)$$

$$\boxed{WACC = \quad 12,23\%}$$

FLUJO DE CAJA DEL PROYECTO
En dólares americanos

Detalle	Año 0	Año 1	Año 2	Año 3	Año 4	Año 5
E.B.I.T.		44.468	59.681	76.013	90.929	95.250
(+) Depreciación y amortización		17.113	17.113	17.113	17.113	17.113
(-) Impuesto a las utilidades		-11.117	-14.920	-19.003	-22.732	-23.813
(-) Inversión fija	-173.500					
(-) Inversión intangible	-5.000					
(-) Variaciones en el CTN	-47.290	0	-8.440	-9.040	-5.696	-2.819
(+) Valor residual inversión fija						92.938
(+) Recuperación CTN						73.285
FLUJO DE CAJA DEL PROYECTO	**-225.790**	**50.463**	**53.433**	**65.082**	**79.613**	**251.954**

VAN (12,23%) = 99.341

TIR = 24,55%

INDICE DE RENTABILIDAD (12,23%) = 1,44

FLUJO DE CAJA DEL ACCIONISTA
En dólares americanos

Detalle	Año 0	Año 1	Año 2	Año 3	Año 4	Año 5
Utilidad neta		30.351	41.761	54.760	66.696	70.688
(+) Depreciación y amortización		17.113	17.113	17.113	17.113	17.113
(-) Inversión fija	-173.500					
(-) Inversión intangible	-5.000					
(-) Variaciones en el CTN	-47.290	0	-8.440	-9.040	-5.696	-2.819
(+) Préstamo	50.000					
(-) Amortización prestamo		0	-12.500	-12.500	-12.500	-12.500
(+) Valor residual inversión fija						92.938
(+) Recuperación CTN						73.285
FLUJO DE CAJA DEL ACCIONISTA	**-175.790**	**47.463**	**37.933**	**50.332**	**65.613**	**238.704**

VAN (14%) = 91.829

TIR = 28,51%

INDICE DE RENTABILIDAD (14%) = 1,52

FUENTES Y USOS DE FONDOS
En dólares americanos

Detalle	Año 0	Año 1	Año 2	Año 3	Año 4	Año 5
FUENTES						
Ventas		388.000	457.080	531.066	579.305	602.477
Préstamo	50.000					
Aporte propio	175.790					
TOTAL FUENTES	**225.790**	**388.000**	**457.080**	**531.066**	**579.305**	**602.477**
USOS						
Inversiones fijas	173.500					
Inversiones intangibles	5.000					
Capital de trabajo	47.290	0	8.440	9.040	5.696	2.819
Costo de producción		280.309	330.724	384.724	415.110	431.714
Gastos de administración		25.084	26.088	27.131	28.217	29.345
Gastos de comercialización		21.027	23.475	26.085	27.938	29.055
Intereses		4.000	4.000	3.000	2.000	1.000
Amortización préstamo		0	12.500	12.500	12.500	12.500
Impuesto a las utilidades		10.117	13.920	18.253	22.232	23.563
Dividendos		21.246	29.233	38.332	46.687	49.481
TOTAL USOS	**225.790**	**361.782**	**448.380**	**519.065**	**560.380**	**579.477**
EXCEDENTE/DEFICIT	**0**	**26.218**	**8.700**	**12.000**	**18.925**	**23.000**
SALDO ACUMULADO	**0**	**26.218**	**34.918**	**46.918**	**65.844**	**88.844**

BALANCE GENERAL PROYECTADO
En dólares americanos

Detalle	Año 0	Año 1	Año 2	Año 3	Año 4	Año 5
ACTIVO						
CIRCULANTE						
Efectivo		26.218	34.918	46.918	65.844	88.844
Efectivo mínimo	3.880	3.880	4.571	5.311	5.793	6.025
Cuentas por cobrar	31.890	31.890	37.568	43.649	47.614	49.519
Inventarios	46.078	46.078	54.366	63.242	68.237	70.967
TOTAL ACTIVO CIRCULANTE	81.849	108.066	131.423	159.121	187.488	215.354
FIJO E INTANGIBLE						
Activo fijo bruto	178.500	178.500	178.500	178.500	178.500	178.500
(-) Depreciación acumulada	0	17.113	34.225	51.338	68.450	85.563
ACTIVO FIJO NETO	178.500	161.388	144.275	127.163	110.050	92.938
TOTAL ACTIVO	**260.349**	**269.454**	**275.698**	**286.283**	**297.538**	**308.292**
PASIVO						
CIRCULANTE						
Cuentas por pagar	34.559	34.559	40.774	47.432	51.178	53.225
PASIVO LARGO PLAZO						
Prestamos bancarios largo plazo	50.000	50.000	37.500	25.000	12.500	0
TOTAL PASIVO	84.559	84.559	78.274	72.432	63.678	53.225
PATRIMONIO NETO						
Capital	175.790	175.790	175.790	175.790	175.790	175.790
Utilidades acumuladas	0	9.105	21.633	38.061	58.070	79.277
TOTAL PATRIMONIO NETO	175.790	184.895	197.423	213.851	233.860	255.067
TOTAL PASIVO Y PATRIMONIO	**260.349**	**269.454**	**275.698**	**286.283**	**297.538**	**308.292**

Preguntas y problemas

1. **Cálculo del costo del capital accionario**

   Assarela S.A. acaba de pagar un dividendo de US$ 2,75 por acción común y proyecta mantener una tasa de crecimiento de dividendos de 5% en forma indefinida. Si las acciones actualmente tienen un valor de mercado de US$ 42, determinar el costo del capital accionario de la empresa.

2. **Cálculo del costo del capital accionario**

   Las acciones de la empresa Shak S.A. tiene un beta de 1,32, la tasa libre de riesgo es 3,5% y el rendimiento esperado del mercado es 15%. Determinar el costo del capital accionario.

3. **Cálculo del costo promedio ponderado del capital**

   Swop S.A. tiene una estructura de capital fijada como meta de 65% de acciones comunes y 35% de deuda. El costo del capital accionario es 16,5% y el de la deuda 8,5%. La tasa impositiva es 25%. Determinar el costo promedio ponderado del capital.

4. **Estructura de capital fijada como meta**

   Jancek S.A. tiene un costo promedio ponderado del capital de 11,53%. El costo del capital accionario es 14% y el costo de la deuda 10%. La tasa impositiva es 25%. Determinar la razón de deuda a capital fijado como meta.

13 Análisis de riesgo de las estimaciones

Los flujos de caja de un proyecto se elaboran en base a estimaciones de los volúmenes de producción, precios de venta y costos. En este capítulo centraremos la atención en la manera como se debe evaluar la confiabilidad de estas estimaciones.

Una vez estimados los flujos de caja proyectados, es natural preguntarse si estas se encuentran cercanas a los valores verdaderos. Las proyecciones se basan únicamente en lo que sabemos hoy, y podrían suceder muchas cosas que harían cambiar los flujos de caja.

La posibilidad de que se tome una mala decisión debido a la presencia de errores en los flujos de caja proyectados recibe el nombre de riesgo de estimación. Un proyecto podría tener un VAN positivo debido a la inexactitud de las estimaciones o tener un VAN negativo cuando en realidad es positivo.

Existen tres técnicas para evaluar el grado de riesgo de las estimaciones, que se denominan análisis de escenarios, análisis de sensibilidad y análisis de simulación.

13.1.   Análisis de escenarios

En el análisis de escenarios nos preguntamos ¿Que sucedería si...?, es decir que pasaría por ejemplo si el precio de venta fuera de US$ 22 en lugar de US$ 25?

Si analizamos varios escenarios alternativos y la mayor parte de ellos dan resultados positivos tendríamos cierta confianza en llevar a cabo el proyecto. Si por el contrario un alto porcentaje de escenarios dan malos resultados el grado de riesgo de las estimaciones sería alto y deberíamos profundizar la investigación.

Cuando analizamos un proyecto, calculamos el VAN basándonos en los flujos de caja estimados. Este conjunto inicial de proyecciones recibe el nombre de caso base. Lo que se hace después es adoptar diferentes supuestos acerca del futuro y ver el efecto que tendrá en los resultados.

Una forma de enfocar el análisis es poner un límite superior y uno inferior a los distintos componentes del proyecto. Por ejemplo si se proyecta vender 100 unidades al año y se considera que no está desviada en más o menos el 5%, podemos seleccionar un límite inferior de 95 y un límite superior de 105. Luego asignamos límites a otros componentes del flujo de caja.

Para ilustrar como se efectúa un análisis de escenarios vamos a considerar un proyecto que requiere inversiones fijas por un monto de US$ 50.000, los cuales tienen una vida útil de cinco años y que se necesita un capital de trabajo por US$ 12.000. Asimismo vamos a considerar que el rendimiento requerido es 10% y que se han establecido las siguientes estimaciones sobre el volumen de ventas, precios de ventas y costos:

	Caso base	Límite inferior	Límite superior
Volumen de ventas (unidades)	8.000	7.600	8.400
Precio unitario (US$)	7,0	6,5	7,5
Costo variable unitario (US$)	4,0	3,8	4,2
Costo fijo anual (US$)	6.000	5.000	7.000

Podríamos considerar varios escenarios. Un buen punto de partida es el peor caso, el cual nos indicará el VAN mínimo del proyecto. Asimismo, podríamos determinar el mejor caso, que establecería el límite superior del VAN.

Para el peor caso, asignamos el valor menos favorable a cada variable, es decir valores bajos para el volumen de ventas y precios de venta y valores altos para costos. Para el mejor caso hacemos lo opuesto.

En el ejemplo que planteamos, el peor y el mejor caso tendrían los siguientes valores:

	Peor caso	Mejor caso
Volumen de ventas (unidades)	7.600	8.400
Precio unitario (US$)	6,5	7,5
Costo variable unitario (US$)	4,2	3,8
Costo fijo anual (US$)	7.000	5.000

Con esta información podemos elaborar el estado de resultados proyectado, el flujo de caja del proyecto y calcular el VAN y la TIR para cada escenario.

CASO BASE

ESTADO DE RESULTADOS PROYECTADO
En dólares americanos

	1	2	3	4	5
Ventas	56.000	56.000	56.000	56.000	56.000
(-) Costos variables	32.000	32.000	32.000	32.000	32.000
(-) Costos fijos	6.000	6.000	6.000	6.000	6.000
(-) Depreciación	10.000	10.000	10.000	10.000	10.000
EBIT	8.000	8.000	8.000	8.000	8.000
(-) Impuestos 25%	2.000	2.000	2.000	2.000	2.000
Utilidad neta	6.000	6.000	6.000	6.000	6.000

FLUJO DE CAJA DEL PROYECTO
En dólares americanos

	0	1	2	3	4	5
EBIT		8.000	8.000	8.000	8.000	8.000
(+) Depreciación		10.000	10.000	10.000	10.000	10.000
(-) Impuestos		-2.000	-2.000	-2.000	-2.000	-2.000
Inversiones fijas	-50.000					
Capital de trabajo neto	-12.000					12.000
Flujo de caja del proyecto	**-62.000**	**16.000**	**16.000**	**16.000**	**16.000**	**28.000**

VAN (10%) = 6.104
TIR = 13,48%

PEOR CASO

ESTADO DE RESULTADOS PROYECTADO
En dólares americanos

	1	2	3	4	5
Ventas	49.400	49.400	49.400	49.400	49.400
(-) Costos variables	31.920	31.920	31.920	31.920	31.920
(-) Costos fijos	7.000	7.000	7.000	7.000	7.000
(-) Depreciación	10.000	10.000	10.000	10.000	10.000
EBIT	480	480	480	480	480
(-) Impuestos 25%	120	120	120	120	120
Utilidad neta	360	360	360	360	360

FLUJO DE CAJA DEL PROYECTO
En dólares americanos

	0	1	2	3	4	5
EBIT		480	480	480	480	480
(+) Depreciación		10.000	10.000	10.000	10.000	10.000
(-) Impuestos		-120	-120	-120	-120	-120
Inversiones fijas	-50.000					
Capital de trabajo neto	-12.000					12.000
Flujo de caja del proyecto	**-62.000**	**10.360**	**10.360**	**10.360**	**10.360**	**22.360**

VAN (10%) = -15.276
TIR = 0,85%

MEJOR CASO

ESTADO DE RESULTADOS PROYECTADO
En dólares americanos

	1	2	3	4	5
Ventas	63.000	63.000	63.000	63.000	63.000
(-) Costos variables	31.920	31.920	31.920	31.920	31.920
(-) Costos fijos	5.000	5.000	5.000	5.000	5.000
(-) Depreciación	10.000	10.000	10.000	10.000	10.000
EBIT	16.080	16.080	16.080	16.080	16.080
(-) Impuestos 25%	4.020	4.020	4.020	4.020	4.020
Utilidad neta	12.060	12.060	12.060	12.060	12.060

FLUJO DE CAJA DEL PROYECTO
En dólares americanos

	0	1	2	3	4	5
EBIT		16.080	16.080	16.080	16.080	16.080
(+) Depreciación		10.000	10.000	10.000	10.000	10.000
(-) Impuestos		-4.020	-4.020	-4.020	-4.020	-4.020
Inversiones fijas	-50.000					
Capital de trabajo neto	-12.000					12.000
Flujo de caja del proyecto	**-62.000**	**22.060**	**22.060**	**22.060**	**22.060**	**34.060**

VAN (10%) = 29.076
TIR = 25,93%

El resumen de los resultados es el siguiente:

	Caso base	Peor caso	Mejor caso
Valor actual neto (10%)	6.104	-15.276	29.076
Tasa interna de retorno	13,48%	0,85%	25,93%

Vemos que en el peor escenario la TIR sería 0,85% y en el mejor caso 25,93%.

13.2.   Análisis de sensibilidad

En el análisis de sensibilidad se mantienen constantes todas las variables excepto una y se analiza que tan sensible son las estimaciones ante cambios en esa variable.

Si las estimaciones son muy sensibles ante cambios en el valor de algún componente del flujo de caja, el riesgo asociado con esa variable será alto.

Para ilustrar como se efectúa un análisis de escenarios vamos a seguir con el ejemplo anterior y efectuaremos un análisis de sensibilidad del volumen de ventas y del precio de venta.

Análisis de sensibilidad: Variación en el volumen de ventas

	Caso base	Peor caso	Mejor caso
Volumen de ventas (unidades)	8.000	7.600	8.400
Precio unitario (US$)	7,0	7,0	7,0
Costo variable unitario (US$)	4,0	4,0	4,0
Costo fijo anual (US$)	6.000	6.000	6.000

Se notará que se ha mantenido el precio unitario, el costo variable unitario y el costo fijo del caso base y se ha modificado el volumen de ventas.

El flujo de caja del caso base es el mismo que se elaboró anteriormente. El estado de resultados y el flujo de caja del peor caso y el mejor caso se indican a continuación.

PEOR CASO

ESTADO DE RESULTADOS PROYECTADO
En dólares americanos

	1	2	3	4	5
Ventas	53.200	53.200	53.200	53.200	53.200
(-) Costos variables	30.400	30.400	30.400	30.400	30.400
(-) Costos fijos	6.000	6.000	6.000	6.000	6.000
(-) Depreciación	10.000	10.000	10.000	10.000	10.000
EBIT	6.800	6.800	6.800	6.800	6.800
(-) Impuestos 25%	1.700	1.700	1.700	1.700	1.700
Utilidad neta	5.100	5.100	5.100	5.100	5.100

FLUJO DE CAJA DEL PROYECTO
En dólares americanos

	0	1	2	3	4	5
EBIT		6.800	6.800	6.800	6.800	6.800
(+) Depreciación		10.000	10.000	10.000	10.000	10.000
(-) Impuestos		-1.700	-1.700	-1.700	-1.700	-1.700
Inversiones fijas	-50.000					
Capital de trabajo neto	-12.000					12.000
Flujo de caja del proyecto	-62.000	15.100	15.100	15.100	15.100	27.100

VAN (10%) = 2.692
TIR = 11,55%

MEJOR CASO

ESTADO DE RESULTADOS PROYECTADO
En dólares americanos

	1	2	3	4	5
Ventas	58.800	58.800	58.800	58.800	58.800
(-) Costos variables	33.600	33.600	33.600	33.600	33.600
(-) Costos fijos	6.000	6.000	6.000	6.000	6.000
(-) Depreciación	10.000	10.000	10.000	10.000	10.000
EBIT	9.200	9.200	9.200	9.200	9.200
(-) Impuestos 25%	2.300	2.300	2.300	2.300	2.300
Utilidad neta	6.900	6.900	6.900	6.900	6.900

FLUJO DE CAJA DEL PROYECTO
En dólares americanos

	0	1	2	3	4	5
EBIT		9.200	9.200	9.200	9.200	9.200
(+) Depreciación		10.000	10.000	10.000	10.000	10.000
(-) Impuestos		-2.300	-2.300	-2.300	-2.300	-2.300
Inversiones fijas	-50.000					
Capital de trabajo neto	-12.000					12.000
Flujo de caja del proyecto	**-62.000**	**16.900**	**16.900**	**16.900**	**16.900**	**28.900**

VAN (10%) = 9.515
TIR = 15,39%

El resumen de resultados es el siguiente:

	Caso base	Peor caso	Mejor caso
Valor actual neto (10%)	6.104	2.692	9.515
Tasa interna de retorno	13,48%	11,55%	15,39%

En base a estos resultados se concluye que el proyecto es poco sensible a la variación del volumen de ventas.

Análisis de sensibilidad: Variación en el precio de venta

	Caso base	Peor caso	Mejor caso
Volumen de ventas (unidades)	8.000	8.000	8.000
Precio unitario (US$)	7,0	6,5	7,5
Costo variable unitario (US$)	4,0	4,0	4,0
Costo fijo anual (US$)	6.000	6.000	6.000

El VAN y la TIR de estos casos son los siguientes:

	Caso base	Peor caso	Mejor caso
Valor actual neto (10%)	6.104	-5.269	17.476
Tasa interna de retorno	13,48%	6,92%	19,76%

En base a estos resultados se concluye que el proyecto es sensible a la variación del precio de venta, ya que ante una disminución del precio de venta en 7%, el VAN registra valores negativos.

El análisis de sensibilidad es útil para identificar aquellas variables que mas influyen en un proyecto y que deben merecer mayor atención. Si un proyecto es sensible al volumen de ventas se podría decidir, por ejemplo, por una investigación de mercado más profunda.

13.3.   Análisis de simulación

En el análisis de simulación permitimos que todas las variables varíen al mismo tiempo, considerando un número elevado de escenarios.

En este análisis se puede empezar con el volumen de ventas y suponer que puede asumir cualquier valor dentro los límites inferior y superior.   Posteriormente se selecciona aleatoriamente un valor, se selecciona también de manera aleatoria un precio, un costo variable y un costo fijo y luego se calcula el VAN.

Se repite esta secuencia todas las veces que se desee, que podrían ser varios cientos de veces.

De esta manera obtenemos varias estimaciones del VAN, de los que determinamos un valor promedio y alguna medida de dispersión.

Con estos valores podríamos determinar por ejemplo, el porcentaje de escenarios posibles con VAN negativos.

Preguntas y problemas

1. **Análisis de escenarios**

   Un proyecto requiere de una inversión fija de US$ 720.000, el cual tiene una vida útil de cinco años y un capital de trabajo neto de US$ 60.000. Se proyectan venta de 50.000 unidades por año, un precio de venta unitario de US$ 25, un costo variable unitario de US$ 15 y costos fijos de US$ 220.000 por año. La tasa impositiva es 25% y el rendimiento requerido 14%. Se considera que las proyecciones de ventas, precio, costo variable y costo fijo son exactas a un nivel de 6%. Determinar el valor actual neto y la tasa interna de retorno del caso base, el mejo caso y el peor caso.

2. **Análisis de escenarios**

   Dopak Industries ha realizado las siguientes estimaciones sobre un nuevo proyecto:

Cantidad	100.000 unidades.
Precio de venta	US$ 16
Costo variable unitario	US$ 9
Costos fijos anuales	US$ 400.000

   La empresa considera que todas sus estimaciones son exactas dentro de un rango de ± 10%. Que valores debería usar la empresa para las cuatro variables cuando lleve a cabo sus análisis de escenarios del caso base, mejor caso y peor caso?

3. **Análisis de sensibilidad**

   Un proyecto requiere de una inversión fija de US$ 850.000, el cual tiene una vida de cinco años y un capital de trabajo neto de US$ 120.000. Las ventas se han proyectado a un nivel de 80.000 unidades por año. El precio de venta unitario es US$ 30, el costo variable unitario US$ 16 y los costos fijos ascienden a US$ 750.000 anuales. La tasa impositiva es 25% y el rendimiento requerido 13%.

a) Elaborar el flujo de caja del caso base y calcular el valor actual neto y tasa interna de retorno.

b) Determinar la sensibilidad del proyecto ante un decremento de 5.000 unidades en las ventas proyectadas.

c) Determinar la sensibilidad del proyecto ante un decremento de US$ 1,50 en los costos variables estimados.

4. **Análisis de sensibilidad**

   Un proyecto requiere de una inversión fija de US$ 360.000, el cual tiene una vida útil de cinco años y un capital de trabajo neto de US$ 42.000. Se proyectan venta de 40.000 unidades por año, un precio de venta unitario de US$ 25, un costo variable unitario de US$ 16 y costos fijos de US$ 192.000 por año. La tasa impositiva es 25% y el rendimiento requerido 17%.

   a) Elaborar el flujo de caja y calcular el valor actual neto y la tasa interna de retorno.

   b) Determinar la sensibilidad del proyecto ante un decremento del 10% en el volumen de ventas.

Respuestas a problemas selectos de fin de capítulo

Capítulo 2

11. a) P(11,08 < μ < 13,92) = 95%
    b) n = 778

12. a) P(0,1444 < P < 0,2556) = 95%
    b) n = 667

13. Y = 1.027,6283 + 2,2057 X_i
    Corr = 0,9545
    Demanda proyectada
    2012   8.351
    2013   9.132
    2014   9.996
    2015   10.953

Capítulo 4

4. Costo de mantenimiento actual   US$ 5.000
   Costo de reabastecimiento actual   US$ 2.080
   Costo total actual   US$ 7.080
   CEO = 258 unidades
   Costo de mantenimiento   US$ 3.225
   Costo de reabastecimiento   US$ 3.225
   Costo total   US$ 6.450

Capítulo 5

5. Año 1   US$ 29.330
   Año 2   US$ 39.107
   Año 3   US$ 48.884

6. US$ 12.692

7. US$ 8.533

Capítulo 6

1. 40.000 unidades

2. a) 7.500 unidades
   b) 19.500 unidades

3. a) Utilidad neta US$ 32.400
       Punto de equilibrio 720 unidades

   b) Utilidad neta US$ 39.150
       Punto de equilibrio 678 unidades
   c) Utilidad neta US$ 35.400
       Punto de equilibrio 645 unidades

4. a) 62,50%
   b) 4.750 unidades
   c) 3.699 unidades

5. a) 5.000 unidades
   b) 7.447 unidades
   c) 8.255 unidades
   d) Utilidad neta primer mercado US$ 26.250
       Utilidad neta segundo mercado US$ 21.000

6. a) 39.286 unidades
   b) US$ 18,13

7. a) 27.179 unidades
   b) 31.940 unidades

8. a) US$ 1.740.000
   b) 94.722 unidades

9. Punto de equilibrio contable
   Producto A 36.585 Kgr
   Producto B 18.293 Litros
   Producto C 14.634 Litros

Capítulo 7

1. Flujo de caja de operación = US$ 22.800

2. Gastos netos de capital = US$ 54.200

3. Variaciones en el CTN = US$ 6.600

4. Flujo de caja de los acreedores = - US$ 7.500
   Flujo de caja de los accionistas = US$ 6.000

5. Flujo de caja de operación = US$ 77.500
   Flujo de caja de los acreedores = US$ 31.500
   Flujo de caja de los accionistas = US$ 2.500
   Flujo de caja de los activos = US$ 34.000

6. Flujo de caja libre

Año 0   - US$ 185.000
Año 1   US$ 119.250
Año 2   US$ 130.400
Año 3   US$ 126.650
Año 4   US$ 139.550
Año 5   US$ 172.850

Flujo de caja del accionista

Año 0   - US$ 145.000
Año 1   US$ 107.650
Año 2   US$ 119.520
Año 3   US$ 116.490
Año 4   US$ 130.110
Año 5   US$ 164.130

Capítulo 8

6. a) US$ 14.845,06
   b) US$ 19.798,94
   c) US$ 25.124,68

7. US$ 45.100,61

8. US$ 3.704,68

9. a) US$ 122.132,23
   b) US$ 117.166,27
   c) US$ 113.981,58

10. US$ 43.965,18

11. US$ 43.285,44

12. US$ 6.261,53

13. US$ 13.564,94

14. US$ 35.367,72

15. a) US$ 29.519,49
    b) US$ 21.965,27

16. VP = US$ 197.945,84
    VF = US$ 580.542,83

17. 12,38%

18. a) 9,20%
    b) 10,38%
    c) 8,33%

19. Cuota fija a capital US$ 5.000
    Interés último período US$ 300

20. Cuota fija a capital e interés US$ 21.645,62
    Capital último período US$ 19.500,56
    Interés último período US$ 2.145,06

21. Cuota fija a capital US$ 3.500
    Interés último período US$ 192,50

22. Cuota fija a capital e interés US$ 3.014,42
    Capital último período US$ 2.817,22
    Interés último período US$ 197,20

Capítulo 9

1. PRI_A = 2,75 años
   PRI_B = 3,38 años

2. PRD = 3,15 años
   VAN = US$ 9.688

3. PRI = 3,2 años
   PRD = 3,87 años
   VAN = US$ 12.781

4. PRI = 4,63 años
   PRD = 6,83 años
   VAN = US$ 13.945

5. VAN (16%) = US$ 4.969
   VAN (10%) = US$ 18.042
   TIR = 18,69%

6. TIR = 18,80%

7. IR = 1,13

8. PRI_A = 3,46 años
   PRD_A = 4,01 años
   VAN_A = - US$ 105
   TIR_A = 16,81%
   IR_A = 0,99

   PRI_B = 2,25 años
   PRD_B = 3,85 años
   VAN_B = US$ 274
   TIR_B = 18,00%
   IR_B = 1,02

9. VAN_A = US$ 495
   VAN_B = - US$ 584
   TIR_A = 17,38%
   TIR_B = 16,65%
   Tasa de cruce = 13,91%

10. VAN_A = - US$ 802
    VAN_B = US$ 641
    TIR_A = 9,10%
    TIR_B = 10,50%
    Tasa de cruce = 13,85%

11. Dos tasas internas de retorno
    VAN = US$ 13.361

Capítulo 10

1. FCO = US$ 5.450

2. VAN = US$ 40.927
   TIR = 21,13%
   IR = 1,20

3. a) PRI = 3,13 años
      PRD = 4,16 años
      VAN = US$ 148.408
      TIR = 22,21%
      IR = 1,20

   b) VAN = US$ 138.859
      TIR = 27,59%
      IR = 1,25

   c) PE = 11.485 unidades

   d) Balance general – Total activo
      Año 0   US$ 780.000
      Año 1   US$ 920.250
      Año 2   US$ 1.052.750
      Año 3   US$ 1.226.125
      Año 4   US$ 1.482.625
      Año 5   US$ 1.733.375

4. Utilidades netas proyectadas
   Año 1   US$ 56.772
   Año 2   US$ 150.687
   Año 3   US$ 185.682
   Año 4   US$ 267.466
   Año 5   US$ 312.484

   Flujo de caja del proyecto
   PRI = 3,84 años
   PRD = 4,77 años

VAN = US$ 401.007
TIR = 22,97%
IR = 1,45

Flujo de caja del accionista
VAN = US$ 341.313
TIR = 28,99%
IR = 1,57

Balance general – Total activo
Año 0   US$ 919.494
Año 1   US$ 953.557
Año 2   US$ 977.045
Año 3   US$ 1.017.733
Año 4   US$ 1.110.333
Año 5   US$ 1.226.857

Capítulo 11

1. Tasa real = 10,58%
   VAN_A = US$ 1.449
   VAN_B = US$ 119

2. VAN = US$ 59.698
   $TIR_{Nominal}$ = 23,45%
   TIR_{Real} = 19,85%

Capítulo 12

1. 11,88%

2. 18,68%

3. 12,96%

4. E = 62
   D = 38
   D/E = 0,6129

Capítulo 13

1. Caso base
   VAN = US$ 95.700   TIR = 18,85%

   Peor caso
   VAN = - US$ 305.970   TIR = - 3,11%

   Mejor caso
   VAN = US$ 534.448   TIR = 39,39%

2. Mejor caso
   Cantidad   110.000 unidades

Precio de venta	US$ 17,60	Costo fijo anual	US$ 440.000
Costo variable unitario	US$ 8,10		
Costo fijo anual	US$ 360.000		

3. a) VAN = US$ 220.645   TIR = 21,57%
    b) VAN = US$ 35.991   TIR = 14,43%
    c) VAN = - US$ 95.906   TIR = 9,10%

Peor caso

Cantidad	90.000 unidades
Precio de venta	US$ 14,40
Costo variable unitario	US$ 9,90

4. a) VAN = US$ 77.863   TIR = 24,88%
    b) VAN = - US$ 8.520   TIR = 16,11%

Indice

Bibliografía

Baca Urbina Gabriel: "Evaluación de Proyectos", cuarta edición McGraw Hill, 2001.

Brealey Richard A., Myers Stewart C.: "Principios de Finanzas Corporativas", McGraw Hill, 1996.

Ross Stephen, Westerfield Randolph, Jaffe Jeffrey: "Finanzas Corporativas", séptima edición McGraw Hill, 2005.

Sapag Chain Nassir, Sapag Chain Reinaldo: "Preparación y Evaluación de Proyectos", quinta edición McGraw Hill, 2007.

Van Horne James, Wachowicz Jhon: "Fundamentos de Administración Financiera", octava edición Prentice Hall, 1994.

Weston Fred J., Copeland Thomas E.: "Finanzas en Administración", novena edición McGraw Hill, 1995.

www.ingramcontent.com/pod-product-compliance
Lightning Source LLC
Chambersburg PA
CBHW061814210326
41599CB00034B/6997